Inhaltsverzeichnis......... Fehler! Textmarke nicht definiert.

1 Einleitung 5
   1.1 Problemstellung 6
   1.2 Zielsetzung... 8
   1.3 Forschungsfragen 8
   1.4 Abgrenzung... 9
   1.5 Motivation 9

2 Theorie 11
   2.1 Definition Führung................................. 11
   2.2 Dynamik im internationalen-interkulturellen Job-Wechsel 12

      2.2.1 Expatriate......................... 13
      2.2.2 Repatriate........................ 14
      2.2.3 Inpatriate 14
      2.2.4 Transpatriate................... 15
      2.2.5 FELO............................... 15

   2.3 Führungswechsel 15

      2.3.1 Relevanz der ersten 100 Tage................................... 16
      2.3.2 Sichtweise – Expatriate.... 19
      2.3.3 Sichtweise – Konzernleitung 20
      2.3.4 Sichtweise – Tochterfirma 21

   2.4 Managementlevel................................. 22

      2.4.1 Level 1 – Sachbearbeiter.. 24
      2.4.2 Level 2 – Team Manager... 25
      2.4.3 Level 3 – Function Manager 25
      2.4.4 Level 4 – Business Manager 26
      2.4.5 Level 5 – Enterprise Manager 28

   2.5 Businesssituation 28

      2.5.1 Neugründung................... 32
      2.5.2 Erfolgsphase................... 33
      2.5.3 Restrukturierung 34
      2.5.4 Sanierung........................ 36

   2.6 Rekrutierungsart................................... 38

      2.6.1 Aufsteiger........................ 39

- 2.6.2 Quereinsteiger 40
- 2.6.3 Seiteneinsteiger 41
- 2.6.4 High Potential 50

2.7 Integration neuer Mitarbeiter 51
- 2.7.1 Dauer der Integration 54
- 2.7.2 Vor-Eintritts-Phase 56
- 2.7.3 Eintritts-Phase 57
- 2.7.4 Metamorphose-Phase 59

2.8 Bausteine erfolgreicher Führungswechsel 60
- 2.8.1 Erwartungen 61
- 2.8.2 Schlüsselbeziehungen 65
- 2.8.3 Ausgangssituation 68
- 2.8.4 Zielelandschaft 73
- 2.8.5 Veränderungsklima 77
- 2.8.6 Veränderungen initiieren .. 78
- 2.8.7 Symbole und Rituale 85

2.9 Kultur 88
- 2.9.1 Herausforderungen 89
- 2.9.2 Fallstricke 90
- 2.9.3 Kulturcluster 91
- 2.9.4 Adaptionsphasen 94

3 Methodik 99

3.1 Qualitative Forschung 99
3.2 Leitfadenentwicklung 99
3.3 Fallauswahl 100
3.4 Umgang mit Datenschutz 104
3.5 Durchführung 104
- 3.5.1 Befindlichkeit/Rapport ... 104
- 3.5.2 Gesprächsverlauf/Interaktion 106
- 3.5.3 Besonderheiten/Störungen 109
- 3.5.4 Gesprächsausstieg 111

3.6 Auswertung 112
- 3.6.1 Zirkuläres Dekonstruieren 112
- 3.6.2 Motto des Interviews 113

- 3.6.3 Nacherzählung ... 113
- 3.6.4 Stichwortliste ... 113
- 3.6.5 Themenkatalog ... 114
- 3.6.6 Paraphrasierung ... 114
- 3.6.7 Zentrale Kategorien ... 115

4 Ergebnisdarstellung ... 117

- 4.1 Synopsis ... 117
- 4.2 Verdichtung ... 120
- 4.3 Komparative Paraphrasierung ... 120
  - 4.3.1 Integrationsprozess ... 122
  - 4.3.2 Kandidatenpotenzial ... 129
  - 4.3.3 Work-Life-Balance ... 136
  - 4.3.4 Selbst- und Fremdbild ... 140
  - 4.3.5 Veränderungsprozess ... 144

5 Diskussion ... 150

- 5.1 Zusammenfassung und Interpretation . 150
  - 5.1.1 Motivation ... 150
  - 5.1.2 Erwartungen ... 150
  - 5.1.3 Angangsanalyse ... 150
  - 5.1.4 Integration ... 151
  - 5.1.5 Ziellandschaft ... 151
  - 5.1.6 Veränderungen ... 152
  - 5.1.7 Hilfestellung ... 153
- 5.2 Beantwortung der Forschungsfragen ... 154
  - 5.2.1 Forschungsfrage 1 ... 154
  - 5.2.2 Forschungsfrage 2 ... 155
  - 5.2.3 Forschungsfrage 3 ... 156
- 5.3 Handlungsempfehlungen ... 157
  - 5.3.1 Sicht Expatriate zum erfolgreichen Wechsel ... 157
  - 5.3.2 Sicht Unternehmen zum erfolgreichen Wechsel ... 164
  - 5.3.3 Sicht Vorgänger ... 171
- 5.4 Kritische Reflexion ... 176
  - 5.4.1 Angemessenheit ... 176
  - 5.4.2 Methodenauswahl ... 176
  - 5.4.3 Transkription ... 177
  - 5.4.4 Sampling ... 178
  - 5.4.5 Bewertungskriterien ... 179

- 5.4.6 Generalisierbarkeit der Ergebnisse 180
- 5.5 Ausblick 180

Literaturverzeichnis.. 183

Abbildungsverzeichnis..A

Tabellenverzeichnis..C

1 Einleitung

Im Zeitalter der Globalisierung geraten österreichische Unternehmen durch Billiglohnländer zunehmend unter Kostendruck und sind gefordert, durch Umstrukturierung, Rationalisierung sowie Effizienzsteigerung dieser Entwicklung die Stirn zu bieten. Um die weltweite Marktposition im globalen Kampf zu sichern, werden neue Märkte durch Vertriebsformen, wie beispielsweise Tochterfirmen, erschlossen. Ein wesentlicher Faktor für den Erfolg einer Tochterfirma ist neben dem Produkt selbst auch die Organisation vor Ort, an deren Spitze der Geschäftsführer steht.

Eine Studie zeigt, dass sich die derzeit durchschnittliche Verweildauer einer Führungskraft auf dreieinhalb Jahre beläuft und die Tendenz ist weiter sinkend.[1] International tätige Unternehmen sehen sich daher immer häufiger und in immer kürzeren Abständen mit Führungswechsel konfrontiert. Oft erfolgt die Nachbesetzung von Führungskräften durch junge, teils noch unerfahrene Manager ohne Führungskompetenz, welche vom Stammhaus ins Ausland für meist drei Jahre entsendet werden und sich dort innerhalb dieser Zeit beweisen sollen.

Nun stellt ein Führungswechsel innerhalb eines Kulturkreises bereits eine Herausforderung an sich dar und birgt sowohl für das Unternehmen als auch den

---

[1] Fischer, Neu auf dem Chefsessel[7] (2002) 9

betroffenen Wechsler großes Scheiterpotenzial.[2] Bei einem Führungswechsel ins Ausland wird das bereits komplexe Thema des Wechsels noch um die Dimensionen der ‚kulturellen Integration' und der ‚sprachlichen Barriere' erweitert.[3] Umfragen zeigen, dass viele Unternehmen ihre jungen Führungstalente sehr unvorbereitet und ohne jeglichen Beistand im Vorfeld der Entsendung ins sprichwörtlich ‚kalte Wasser' werfen und die Verwunderung groß ist, wenn der Hoffnungsträger die in ihn gesetzten Erwartungen nicht erfüllen kann.[4,5]

1.1 Problemstellung

In dieser Arbeit bezieht sich der Autor auf ein mittelständisches Familienunternehmen, das spezialisiert auf die Produktion und den weltweiten Vertrieb von Investitionsgütern ist.

Die Problemstellung betrifft den Führungswechsel sowie die Integration von Führungskräften, zumeist österreichischer Herkunft, in den weltweiten Tochterfirmen. Da sich aufgrund der laufenden Neugründungen von Vertriebsgesellschaften und des Auslaufes von aktuellen Verträgen mit sogenannten

---

[2] Metz & Rinck, Transition Coaching Führungswechsel meistern Risiken erkennen Businesserfolg sichern (2010) 3f

[3] Schreyögg, Coaching für die neu ernannte Führungskraft² (2010) 183

[4] Metz & Rinck, Transition Coaching Führungswechsel meistern Risiken erkennen Businesserfolg sichern (2010) 2f

[5] Schreyögg, Coaching für die neu ernannte Führungskraft² (2010) 185

Expatriates ständig Führungswechsel abzeichnen, ist die Vorbereitung auf die Aufgabe, die positive Gestaltung des Wissenstransfers zwischen alter und neuer Führungskraft und die Einführung des Wechslers in die Kultur und Organisation des Unternehmens, ein ständig präsentes Thema.

Meist kann der Führungswechsler in der Anfangszeit die Komplexität der informellen und formellen Unternehmensstrukturen lediglich schwer erfassen. Zudem existiert meist kein strukturierter Plan, um den Wissenstransfer zwischen dem Vorgänger und dem Führungswechsler in der Startphase zu unterstützen. Da der Vorgänger sich nicht so einfach aus dem Tagesgeschäft lösen kann, um dem Neuankömmling die nötige Zeit und Aufmerksamkeit zu bieten, sind diese sich während dieser Zeit meist selbst überlassen. So ergeben sich Informationsdefizite in allen Belangen, welche später Lernen via Trial-and-Error nötig machen und den Einarbeitungsprozess nicht nur verlängern, sondern dem Unternehmen überdies Geld kostet.

Speziell in kleinen Vertriebsgesellschaften ist der Geschäftsführer in nahezu allen Bereichen sehr tief in Prozesse involviert. Werden diese Prozessabläufe vom Vorgänger nicht eingehend erklärt und übergeben, wird ein schnelles Erreichen des Break-Even-Points des Führungswechslers unmöglich. Da viel Zeit in das Entdecken der Abläufe investiert werden muss, fehlt die Möglichkeit, um sich auf die eigentlichen Führungsaufgaben zu konzentrieren. Die Analyse der Ist-Situation, Zielentwicklung, Mitarbeitergespräche und die

Initiierung von Veränderungen können folglich nicht im nötigen Maße vorangetrieben und forciert werden.

Die in der Literatur viel beschriebenen ersten 100 Tage einer Führungskraft werden vergehen und die ‚Kraft' im Wort Führungskraft verpufft ohne besondere Wirkung auf Unternehmen, Mitarbeiter und Kunden.

1.2 Zielsetzung

Ziel des Autors ist es, durch die Befragung von Führungskräften diverser Tochterfirmen eines österreichischen Produktionsbetriebes Handlungsempfehlungen für einen internationalen Führungswechsel zu erarbeiten.

Die Handlungsempfehlungen sollen sich sowohl auf die Zeit vor Antritt der Position beziehen als auch auf die ersten 100 Tage danach. Damit sollen zukünftig allen drei beteiligten Parteien – nämlich dem Mutterunternehmen, dem Expatriate selbst sowie dem Vorgänger – konkrete Ansätze gegeben werden, welche die Übergabe vom alten auf das neue Management ohne Reibungsverluste und mit bestmöglichem Wissenstransfer gewährleisten.

1.3 Forschungsfragen

- Welche Begleitung und Unterstützung soll das Mutterunternehmen dem führungswechselnden Expatriate geben, um diesen gut auf die Führungsaufgabe und die schwierige Anfangsphase vorzubereiten?

- Welche Kriterien soll der Expatriat beachten, damit ein schnelles ‚Funktionieren' sowie ‚Anwachsen' vor Ort gefördert werden?
- Welche Handlungsempfehlungen können dem Vorgänger geboten werden, um den Wissenstransfer bestmöglich zu gestalten und das Team vor Ort auf den neuen Geschäftsführer vorzubereiten?

1.4 Abgrenzung

Bei der Darstellung und Ausarbeitung der Handlungsempfehlungen zur erfolgreichen Integration von ausländischer Führung wird der Fokus auf allgemein gültige Kriterien gelegt. Der Autor geht bewusst nicht auf sozialpolitisch kritische Themen wie politische bzw. religiöse Gesinnung, Geschlecht oder Rasse ein.

Der Autor räumt jedoch ein, dass gerade diese Themen zu einer starken Polarisierung bzw. gegenseitigem Unverständnis im Team vor Ort führen könnten. Zur Untersuchung des Einflusses obiger Themenkreise sind unter anderem eine genaue und bewusste Auswahl der zu befragenden Personen sowie großes Taktgefühl während des Interviews notwendig.

1.5 Motivation

Der Autor ist seit fünfzehn Jahren im Vertrieb des Unternehmens tätig. Das betreffende Unternehmen produziert in Österreich und vertreibt seine Produkte weltweit in über siebzig Ländern. Die letzten zehn Jahre wurde ein massiver Expansionskurs verfolgt, welcher zu

Gründungen von Tochterfirmen in vielen Ländern geführt hat.

Der Autor ist im Mutterunternehmen verantwortlich für den Vertrieb in Amerika und er ist damit im Falle eines Führungswechsels in einer Tochterfirma seines Verantwortungsbereiches direkt in den Prozess der Personalauswahl bis hin zur Übergabe der Tochterfirma an den neuen Geschäftsführer sowie in der ersten Begleit-Phase involviert.

Über die vom Expansionskurs hinweg geprägten Jahre hat der Autor einige Führungswechsel vollzogen und dabei die Notwendigkeit einer Handlungsvorlage immer wieder aufs Neue entdecken müssen. Der Autor ist sich dessen bewusst, dass ein flüssiger Führungswechsel nicht nur Kosten spart und die Stabilität des Geschäftsganges vor Ort erhöht, sondern ebenso weitreichende Folgen für den Erfolg des gesamten Unternehmens-Netzwerkes hat.

Umso größer ist die Motivation des Autors aufgrund der Interviews Folgerungen abzuleiten, welche schlussendlich in der Praxis zum Tragen kommen und für zukünftige Expatriates einen spürbaren Unterschied ausmachen.

2 Theorie

2.1 Definition Führung

Definitionen für den Begriff ‚Führung' existieren viele und sich für die ‚richtige' Definition zu entscheiden, scheint ein Ding der Unmöglichkeit zu sein. Zu vielfältig und komplex sind die Anforderungen und Aufgaben an eine Führungskraft. *Sie reichen von volkswirtschaftlichen über betriebswirtschaftliche Funktionen bis hinein in Gebiete der Soziologie und Psychologie als Hilfsmittel für einen bestmöglichen Mitarbeitereinsatz*[6], wobei die letzteren beiden Hilfswissenschaften in Bezug auf Menschenführung zunehmend an Bedeutung gewinnen.[7]

Dabei geht es weniger darum, sich für die ‚richtige' Definition zu entscheiden, sondern sich den unterschiedlichen Zugängen zum Thema zu öffnen und seinen eigenen Schwerpunkt zum Thema Führung zu bestimmen. So kann Führung beispielsweise bedeuten, *einen Mitarbeiter bzw. eine Gruppe unter Berücksichtigung der jeweiligen Situation auf gemeinsame Werte und Ziele der Organisation hin zu beeinflussen.*[8] Anders formuliert könnte *Führung heißen, Unternehmensziele festzulegen und Entscheidungen über*

---

[6] Haberkorn, Praxis der Mitarbeiterführung Ein Grundriss mit zahlreichen Checklisten zur Verbesserung des Führungsverhaltens[10] (2002) 15
[7] Haberkorn, Praxis der Mitarbeiterführung Ein Grundriss mit zahlreichen Checklisten zur Verbesserung des Führungsverhaltens[10] (2002) 15
[8] Hofbauer & Kauer, Einstieg in die Führungsrolle Praxisbuch für die ersten 100 Tage[4] (2012) 3

*die Kombination der betrieblichen Produktionsfaktoren
(Arbeitskraft / Betriebsmittel / Werkstoffe) zu treffen*[9].

Andere Autoren rücken mit ihren jeweiligen Erklärungen den von ihnen favorisierten Fokus zur Definition von Führung in den Mittelpunkt. Solche Konzentrationen können ein spezielles Menschenbild, einzelne Führungstheorien, der jeweilige Zeitgeist oder unterschiedliche Annahmen, was den Erfolg von Führung ausmacht, darstellen[10].

Wenn man nun versucht, all diese unterschiedlichen Ausprägungen zur Erklärung von Führung auf einen Nenner zu bringen, dann lautet dieser aus unternehmerischer Sicht: Mitarbeiter zum Ziel führen. Diese Aussage setzt einerseits die Existenz einer Führungskraft voraus, aber ebenso Entscheidungen über Ziel und den richtigen Weg dorthin.[11] *In letzter Konsequenz bedeutet Führung immer wieder zu Entscheidungen zu kommen, denen Handlungen folgen*[12].

2.2 Dynamik im internationalen-interkulturellen Job-Wechsel

Aus der folgenden Abbildung 1 nach Frithjof wird die gängige Namensgebung zum internationalen-

---

[9] Hofbauer & Kauer, Einstieg in die Führungsrolle Praxisbuch für die ersten 100 Tage[4] (2012) 3
[10] Hofbauer & Kauer, Einstieg in die Führungsrolle Praxisbuch für die ersten 100 Tage[4] (2012) 3
[11] Daigeler & Hölzl & Raslan, Führungstechniken[2] (2012) 7ff
[12] Becker, Managementtraining für den Führungsnachwuchs Die Praxis des Team-Management (2000) 5

interkulturellen Verkehr von Arbeitskräften zwischen Mutter- und Tochterfirmen sowie zwischen Tochterunternehmen selbst gut veranschaulicht.

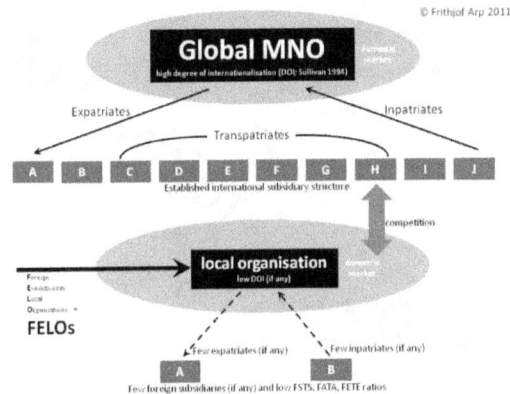

Abbildung 1: FOL Research (nach Frithjof)[13]

2.2.1 Expatriate

Die Bezeichnung Expatriate stammt aus dem Lateinischen und setzt sich aus ‚ex' für aus sowie ‚patria' für Vaterland zusammen. In der Wirtschaft wird ein Expatriate, kurz Expat, als eine Fachkraft bezeichnet, die von einem international tätigen Unternehmen (lt. Frithjof auch ‚MNO' für **M**ulti-**N**ational-**O**rganisation), bei dem sie beschäftigt

---

[13] Beitrag auf feloreserach.info, FELO Research, link: http://feloresearch.info/, 27.10.2012

ist, vorübergehend, meist für ein bis drei Jahre, an eine ausländische Zweigstelle entsandt wird.[14]

Allgemein wird jedoch jeder als ein Expatriat bezeichnet, der nicht in seiner Heimat lebt. Im Unterschied zu Migranten sind Expatriates Menschen, die lediglich für eine bestimmte Zeit in der Fremde leben, aber ihrer Heimat dabei ständig verbunden bleiben, ihren Aufenthalt im fremden Land als befristet ansehen, sich der fremden Kultur nicht anpassen und auch keinen Wechsel der Staatsbürgerschaft anstreben.[15]

2.2.2 Repatriate

Der Begriff Repatriate steht für einen Expatriat, der nach seiner Auslandsentsendung erneut ins Heimatland zum Mutterkonzern zurückkehrt.

2.2.3 Inpatriate

Der Inpatriate ist nicht mit dem Repatriate zu verwechseln. Der Inpatriate besitzt die gleiche Nationalität wie die ausländische Zweigstelle oder Tochterfirma, von der er für eine bestimmte Zeit in die Konzernzentrale entsendet wird.

---

[14] Beitrag auf wikipedia.org, Expatriate, link: http://de.wikipedia.org/wiki/Expatriate, 27.10.2012
[15] Beitrag auf wikipedia.org, Expatriate, link: http://de.wikipedia.org/wiki/Expatriate, 27.10.2012

2.2.4 Transpatriate

Wenn eine Fachkraft zwischen zwei sich jeweils in einem anderen Land befindlichen Tochterfirmen entsendet wird, nennt man diesen Mitarbeiter Transpatriate.

2.2.5 FELO

Als eine Sonderform des internationalen-interkulturellen Job-Wechsels gilt der sogenannte **F**oreign **E**xecutive in **L**ocal **O**raganisations, oder kurz FELO. Der FELO übernimmt meist Führungsaufgaben, eines aus seiner Sicht ausländischen Unternehmens, welches dessen lokalen Markt bearbeitet.

Der Autor beschäftigt sich in dieser Arbeit lediglich mit der Facette des Expatriates und vernachlässigt entweder komplett oder streift nur im Zuge der Ausführungen die anderen möglichen Ausprägungen des internationalen Jobwechsels.

2.3 Führungswechsel

International tätige Unternehmen sehen sich immer häufiger und in zunehmend kürzeren Abständen mit Führungswechsel konfrontiert. Häufig erfolgt die Nachbesetzung von Führungskräften durch junge, teils noch unerfahrene Manager ohne Führungskompetenz, welche vom Stammhaus ins Ausland für meist drei Jahre entsendet werden und sich dort innerhalb dieser Zeit beweisen sollen.

Nun stellt ein Führungswechsel innerhalb eines Kulturkreises bereits eine Herausforderung an sich dar und birgt sowohl für das Unternehmen als auch den betroffenen Wechsler großes Scheiterpotenzial[16]. Bei einem Führungswechsel ins Ausland wird das bereits komplexe Thema des Wechsels noch um die Dimensionen der ‚kulturellen Integration' und der ‚sprachlichen Barriere' erweitert[17]. Umfragen zeigen, dass viele Unternehmen ihre jungen Führungstalente sehr unvorbereitet und ohne jeglichen Beistand im Vorfeld der Entsendung ins sprichwörtlich ‚kalte Wasser' werfen und die Verwunderung groß ist, wenn der Hoffnungsträger die in ihn gesetzten Erwartungen nicht erfüllen kann[18].

2.3.1 Relevanz der ersten 100 Tage

Der Präsident der Vereinigten Staaten von Amerika hat 100 Tage, um sich zu bewähren – Sie haben 90. Was Sie in den ersten drei Monaten in einer Führungsposition tun, entscheidet darüber, ob Sie dort Erfolg haben werden oder nicht.[19]

Nach der Führungsübernahme blickt das neue Team erwartungsvoll, neugierig, skeptisch oder möglicherweise ängstlich auf die neue Führungskraft. Der allererste Eindruck stellt bereits entscheidend die ersten Weichen

---

[16] Metz & Rinck, Transition Coaching Führungswechsel meistern Risiken erkennen Businesserfolg sichern (2010) 2f

[17] Schreyögg, Coaching für die neu ernannte Führungskraft² (2010) 183

[18] Metz & Rinck, Transition Coaching Führungswechsel meistern Risiken erkennen Businesserfolg sichern (2010) 2f

[19] Watkins, Die entscheidenden 90 Tage (2007) 15

und trägt wesentlich zum Erfolg oder Scheitern der künftigen Arbeit bei.[20] Ein Führungswechsel stellt für jede betroffene Person einen Meilenstein in der persönlichen Karriere dar.[21] Für das Unternehmen birgt der Führungswechsel enorme Chancen, da der Wechsler gerade in der ersten Zeit Fragen zu Themen stellen kann, die für den Vorgänger tabu waren oder aufgrund von Betriebsblindheit schon lange nicht mehr gestellt wurden. In den ersten 100 Tagen hat er die einmalige Chance, Veränderungen zu fordern, Innovationen in die Organisation zu bringen sowie Positionen zu hinterfragen und gegebenenfalls neu zu besetzen. Die Methoden, mit welchen er die Ausgangsposition analysiert, ein tatkräftiges Team formt, die verschiedenen Erwartungen erfragt und dann Entscheidungen fällt, entscheiden über den Erfolg oder Misserfolg. Die Studie von Michael Seipel und Jörg Hemmelskamp zeigt, dass nahezu die Hälfte aller Führungskräfte beim Wechsel nicht weiß, was von ihnen erwartet wird. Je unerfahrener die Führungskraft, desto weniger werden Erwartungen geklärt und damit fehlen konkrete Ziele. Meist fehlt in Unternehmen während der ersten 100 Tage eine adäquate Unterstützung, um die Führungswechsler, im speziellen Jungmanager, gut auf die bevorstehende Aufgabe vorzubereiten und ihnen unterstützend zur Seite zu stehen.[22] Fluktuationsfälle im ersten halben Jahr der Betriebszugehörigkeit sind die

---

[20] Hofbauer & Kauer, Einstieg in die Führungsrolle[4] (2012) 1ff
[21] Schreyögg, Coaching für die neu ernannte Führungskraft[2] (2010) 11
[22] Metz & Rinck, Transition Coaching (2010) 1ff

Folge. Um dem vorzubeugen, sind die Gestaltung des ersten Arbeitstages und die Einführung des neuen Mitarbeiters von hoher Bedeutung.[23] Übersehen werden oft die Kosten der Langzeitwirkungen einer schlechten Einführung während der ersten 100 Tage. Der Wechsler selbst sowie sein Team sind entmutigt, es herrscht keine positive Dynamik und die Leistung der gesamten Gruppe sinkt. Ohne Gegensteuerung mit gezieltem Coaching besteht die Gefahr, dass der Prozess in unbefriedigenden menschlichen Beziehungen, Isolation und schließlich in der Kündigung mündet.[24] Die Schnelllebigkeit der Wirtschaft hat in den letzten Jahrzehnten zu einem drastischen Anstieg von Führungswechseln geführt. Die damit verbundenen Risiken und Chancen treten damit pro Unternehmen häufiger und in immer kürzer aufeinander folgenden Abständen auf. Unternehmen sollten sich auf diese Entwicklung einstellen und vorbereiten, um das Scheiterpotenzial aller stattfindenden Wechsel zu minimieren. Bei guter Vorbereitung und Begleitung während der ersten 100 Tage kann diese Zeitspanne zum Nährboden einer fruchtbaren Zukunft werden. Jedes Unternehmen sollte zum Entschluss gelangen, den Führungswechsel im Speziellen in den ersten 100 Tagen gezielt zu planen, die Chance des Wechsels zu nutzen, die Risiken wertneutral aufzuzeigen, um dem Wechsler eine faire Aussicht auf Erfolg geben zu können.

---

[23] Haberkorn, Praxis der Mitarbeiterführung[10] (2002) 81
[24] Becker, Managementtraining für den Führungsnachwuchs (2000) 69

2.3.2 Sichtweise – Expatriate

In der Regel entscheidet sich der Expatriat zum Wechsel ins Ausland, weil er sich aufgrund der Entsendung eine stellenmäßige oder/und eine finanzielle Verbesserung als Folge erwartet.[25] Er betrachtet die Entsendung als Chance, die notwendige Auslandserfahrung für zukünftige globale Management-Funktionen zu sammeln.[26] Jeder Jobwechsel stellt eine besondere Umbruchsituation dar, bei der vom Wechsler erwartet wird, sich in kürzester Zeit einzuarbeiten. Von der Konzernleitung wird dem Expatriate immer weniger Zeit zugebilligt, um sich einen Überblick zu verschaffen, sein Team zu formen sowie Veränderungen zu konzipieren. Der Erfolgs- und Erwartungsdruck ist hoch, sodass ein ‚Funktionieren' vom ersten Tag an erwartet wird. Der Wechsler setzt sich dabei zusätzlich selbst unter Druck, da er seine Vorgesetzten in ihrer Wahl bestätigen will und möchte daher schnellstmöglich erste Erfolge vorweisen können. Gleichzeitig zum ohnehin schon beträchtlichen Lern- und Anpassungsbedarf soll auch schon das Tagesgeschäft erledigt und Projekte übernommen werden. Die Belastung aus Erfolgs- und Zeitdruck sowie Stress und Unwägbarkeiten ist also groß. Dabei tragen die Führungswechsler ein hohes Risiko des Scheiterns und sind meist sich selbst überlassen.[27] *Praktische*

---

[25] Haberkorn, Praxis der Mitarbeiterführung[10] (2002) 83
[26] Fischer, Neu auf dem Chefsessel Erfolgreich durch die ersten 100 Tage[7] (2002) 183
[27] Metz & Rinck, Transition Coaching Führungswechsel meistern Risiken erkennen Businesserfolg sichern (2010) 2f

Untersuchungen haben gezeigt, dass die Arbeits- und Einsatzbereitschaft des Neuen sehr bald von Art und Intensität der ihm entgegengebrachten Hilfe abhängig ist.[28]

2.3.3 Sichtweise – Konzernleitung

Aus der Sicht des Konzern-Vorstandes sollten Führungswechsel zügig vonstattengehen und der Wechsler sich schnellstmöglich in seine neue Aufgabe einarbeiten und einleben. Je bedeutender die Organisation für den Konzern und je höher die neu zu besetzende Position in der Aufbauorganisation, desto schneller sollte der Wechsel erfolgen. Obwohl bekannt ist, *dass internationale Führungswechsel erfahrungsgemäß doppelt so viel Zeit für die Einstiegsphase benötigen wie bei nationalen Wechsel*, wird Expatriates meist lediglich die Hälfte der Zeit eines nationalen Jobwechsels eingeräumt.[29] Nüchtern betrachtet ist es das Hauptanliegen des Konzern-Vorstandes, *den zu ersetzenden Mitarbeiter so schnell wie möglich durch einen gleichwertigen, wenn möglich sogar höherwertigen Mitarbeiter zu ersetzen.*[30]

---

[28] Haberkorn, Praxis der Mitarbeiterführung Ein Grundriss mit zahlreichen Checklisten zur Verbesserung des Führungsverhaltens[10] (2002) 83

[29] Fischer, Neu auf dem Chefsessel Erfolgreich durch die ersten 100 Tage[7] (2002) 182

[30] Haberkorn, Praxis der Mitarbeiterführung Ein Grundriss mit zahlreichen Checklisten zur Verbesserung des Führungsverhaltens[10] (2002) 82

Internationale Führungswechsel bergen bei schlechter Personalauswahl, Hilfestellung und Begleitung des Expatriates ein erheblich höheres Risiko in sich als nationale Wechsel. Nicht zu vernachlässigen sind Imageschäden für die Entscheider der Fehlbesetzung im Falle eines ‚Flops' der entsendeten Führungskraft.[31] Dementsprechend stehen nicht nur Ruhm und Ehre des Expatriates auf dem Spiel, sondern auch aller am Entscheidungsprozess beteiligten Personen, die ihn für die Aufgabe vorschlugen.

2.3.4 Sichtweise – Tochterfirma

Aus Sicht der Mitarbeiter einer Tochterfirma soll der neue Chef ein hohes Maß an Anpassungsfähigkeit mitbringen, um bestehende inoffizielle Gepflogenheiten unbeirrt beibehalten zu können. Der Konzernleitung gegenüber soll die neue Führungskraft jedoch hohes Durchsetzungsvermögen zeigen und die lokalen Interessen zu vertreten. Der Wechsler soll als Problemlöser auftreten, schnell und unbürokratisch Defizite und Mängel angehen und so die Tochterfirma zum Erfolg führen. All das sollte er möglichst schaffen, ohne das Team tiefgreifend zu verändern.[32]

Die Gefahr einer Fehlbesetzung bedeutet aus der Sicht der Tochterfirma in erster Linie den Verlust der Schlagkraft, da es bei Veränderungsprozessen zu

---

[31] Metz & Rinck, Transition Coaching Führungswechsel meistern Risiken erkennen Businesserfolg sichern (2010) 4
[32] Hofbauer & Kauer, Einstieg in die Führungsrolle Praxisbuch für die ersten 100 Tage[4] (2012) 41

Rückschlägen kommt, weil diese gestoppt oder rückgängig gemacht werden. Selbst in Bezug auf Verzögerungen bei wichtigen Projekten und damit einhergehender Irritation vonseiten der Mitarbeiter ist zu rechnen. Eine Fehlbesetzung wirkt sich für das gesamte Team als äußerst demotivierend aus. Nicht nur die Mitarbeiter werden in Mitleidenschaft gezogen, sondern sehr wahrscheinlich ebenso Beziehungen zu Kunden und Lieferanten.[33]

2.4 Managementlevel

In Anlehnung an Ram Cheran, The Leadership Pipelin (2001) unterscheiden wir im Management fünf Entwicklungs- und Anforderungsebenen (Levels), die jeweils spezifische und sehr unterschiedliche Anforderungen an die Manager stellen.[34]

---

[33] Metz & Rinck, Transition Coaching Führungswechsel meistern Risiken erkennen Businesserfolg sichern (2010) 3
[34] Metz & Rinck, Transition Coaching Führungswechsel meistern Risiken erkennen Businesserfolg sichern (2010) 31

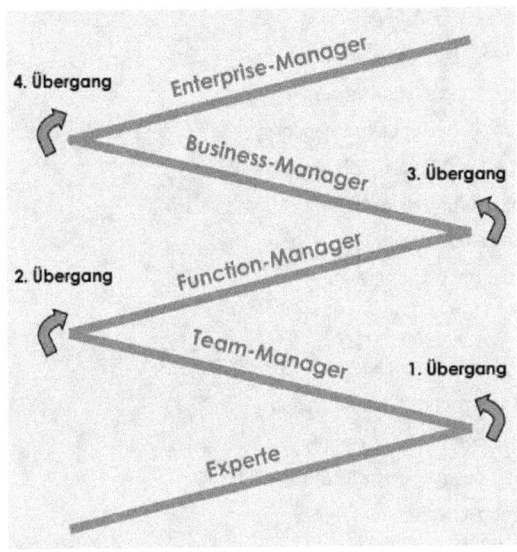

Abbildung 2: Managementlevel[35]

Die Analyse des Managementlevels sollte für den Führungswechsler den ersten Schritt seiner Risikoanalyse zur neuen Position darstellen. Er beurteilt dabei sein aktuelles Managementlevel und jenes seiner zukünftigen Stelle. Er prüft die Risiken der zukünftigen Chef-Position und stellt seine eigenen Schwächen gegenüber. Stellt der Wechsler fest, dass eine starke Überlappung zwischen Risiken und persönlichen Schwächen existiert und diese Defizite nicht ausgeglichen werden können, spricht man von einer Fehlpassung zwischen Person sowie Funktion.[36]

---

[35] Charan & Dotter & Noel, The Leadership Pipeline (2001)
[36] Metz & Rinck, Transition Coaching Führungswechsel meistern Risiken erkennen Businesserfolg sichern (2010) 30f

Die fünf Management Levels sind wie Serpentinen angeordnet und stellen gleichermaßen die hierarchischen Ebenen einer Organisation dar. Es gibt vier Kehren, die den Übergang zu einem neuen, höheren Level markieren. Jede Kehre ist mit dem Erlernen von neuen Fähigkeiten zur Erfüllung der höheren Anforderungen verbunden. Anpassungs- und Lernfähigkeit sind notwendig, um den Wechsel von einer Ebene in die nächsthöhere zu schaffen.

Für die Risiko-Bewertung der neuen Stelle ist zu beachten, *dass in kleineren Unternehmen eine Position durchaus mehrere Levels vereinigen kann.*[37] Um die zukünftige Führungsposition zu bewältigen, müssen somit nicht nur ein Level, sondern möglicherweise mehrere Anforderungsebenen gleichzeitig überwunden werden.

2.4.1 Level 1 – Sachbearbeiter

Der Sachbearbeiter hat als Experte in einem Sachgebiet (individuelle) Leistungen zu erbringen.[38] Der Aufstieg vom Sachbearbeiter zum nächsten Level gilt als besonders schwierig, da erstmals neben exzellenter Fachkompetenz überdies Führungseigenschaften verlangt werden und der Anwärter erst sein individuelles Mischverhältnis zwischen Fach- und Führungskompetenz finden muss. Der

---

[37] Metz & Rinck, Transition Coaching Führungswechsel meistern Risiken erkennen Businesserfolg sichern (2010) 33

[38] Metz & Rinck, Transition Coaching Führungswechsel meistern Risiken erkennen Businesserfolg sichern (2010) 32

Aufsteiger ist gefordert, sich seinen eigenen Führungsstil zu erarbeiten.

2.4.2 Level 2 – Team Manager

Als Teamleiter befähigt er sein Team dazu, gemeinsam Leistungen zu erbringen und diese kontinuierlich zu steigern.[39] *Ein entscheidendes Kriterium dafür ist, dass sie lernen, sich ihre Zeit neu einzuteilen, indem sie weniger ihren Fachaufgaben nachgehen, sich dafür aber umso mehr Zeit für die Organisation ihres Teams nehmen.*[40] Alte Wertigkeiten müssen über Bord geworfen und ein neues Gefühl für Prioritäten entwickelt werden.
Mitarbeiterführung gelangt ins Zentrum und gewinnt an Priorität. Fachwissen rückt mehr ins Abseits des Tagesgeschäftes. Es gilt, das Fachwissen an das Team weiter- bzw. abzugeben, um als Gesamtes erfolgreich zu sein. Die Sichtweise ändert sich vom individuellen zum gruppen-orientierten Erreichen eines Zieles.

2.4.3 Level 3 – Function Manager

Als Leiter einer Funktionseinheit trägt der Function Manager dafür Sorge, dass sie optimale Leistung erbringt

---

[39] Metz & Rinck, Transition Coaching Führungswechsel meistern Risiken erkennen Businesserfolg sichern (2010) 32
[40] Metz & Rinck, Transition Coaching Führungswechsel meistern Risiken erkennen Businesserfolg sichern (2010) 34

und strategisch gut aufgestellt ist.[41] Eine Funktionseinheit ist laut Definition ein nach Aufgabe oder Wirkung streng abgegrenztes Gebilde und der Function Manager ist verantwortlich für das positive Zusammenwirken seiner ihm unterstellten Funktionseinheit mit anderen Einheiten. Er soll Sorge tragen, dass seine Einheit zukunftsorientiert agiert und neue Entwicklungen möglichst früh erkannt werden. Die Herausforderung für den Function Manager besteht einerseits im strategischen Denken sowie andererseits im Erkennen von komplexen Zusammenhängen, aber vor allem darin, den Kontakt mit „der Front" nicht zu verlieren. Lediglich über ein gut ausgebildetes Netzwerk zu Mitarbeitern mit direktem Kundenkontakt besteht für ihn die Möglichkeit, ein Gefühl für aktuelle Trends zu erhalten. Verliert er den Kontakt zur Basis, kann er nur mehr auf Informationen und Eindrücke „aus zweiter Hand" zurückgreifen.[42] Der Fokus soll sich vom Team auf das Gesamtsystem erweitern und die Zusammenarbeit mit anderen Function Managern verstärkt werden, überdies soll der Planungshorizont an Langfristigkeit gewinnen.

2.4.4 Level 4 – Business Manager

Der Business Manager führt sein Geschäft so, dass die verschiedenen Funktionseinheiten im Verbund effektiv

---

[41] Metz & Rinck, Transition Coaching Führungswechsel meistern Risiken erkennen Businesserfolg sichern (2010) 32

[42] Metz & Rinck, Transition Coaching Führungswechsel meistern Risiken erkennen Businesserfolg sichern (2010) 34f

arbeiten und nachhaltig erfolgreich sind.[43] *Zu den zentralen Aufgaben eines Business Managers gehört, seine Geschäftseinheit auf Wirtschaftlichkeit hin zu bündeln und auszurichten.*[44] Dafür soll sich der gewünschte Blickwinkel eines Business Managers im Vergleich zum Function Manager erweitern und sowohl Denk- als auch Handlungsweise noch langfristiger angelegt sein. Trotz dieser strategischen Ausrichtung darf sich der Business Manager einer kurzfristigen Profitorientierung nicht verschließen. Da er verantwortlich für die Businesszahlen zeichnet, muss er in diesem Spannungsfeld sehr sorgfältig Balance halten. Das zugrunde liegende Geschäftsmodell muss für den Business Manager gläsern sein und folglich von allen Blickwinkeln durchschaubar sein. Die wohl größte Umstellung in der Entwicklung vom Function zum Business Manager dürfte die Zeiteinteilung darstellen. Durch gutes Zeitmanagement gelingt es dem Business Manager, sich genügend Freiraum zur Reflexion, zur Analyse der Geschäftsentwicklung sowie zur Gestaltung der kritischen Erfolgsfaktoren zu schaffen.[45]

---

[43] Metz & Rinck, Transition Coaching Führungswechsel meistern Risiken erkennen Businesserfolg sichern (2010) 32

[44] Metz & Rinck, Transition Coaching Führungswechsel meistern Risiken erkennen Businesserfolg sichern (2010) 36

[45] Metz & Rinck, Transition Coaching Führungswechsel meistern Risiken erkennen Businesserfolg sichern (2010) 35f

2.4.5 Level 5 – Enterprise Manager

Als Unternehmensleiter führt er sein Unternehmen so, dass unterschiedliche Geschäfte im Verbund wirtschaftlich arbeiten und nachhaltig erfolgreich sind.[46] Sein Augenmerk gilt dem Markt, seinen Chancen und Risiken sowie neuen potenziellen Geschäftsfeldern.
Kennzeichnend für ihn ist, dass er im Spagat von kurzfristigen (Umsatz-)Zielen und langfristigen strategischen Zielen denken und handeln muss.[47] Beim Schritt vom Business Manager zum Enterprise Manager ist es notwendig, bisherige Perspektiven auf Produkte oder Kunden zu vernachlässigen und als Unternehmen wertneutral zu beurteilen wie alle Produkte an die Gesamtheit der Kunden bestmöglich abgesetzt werden können. Frei zu werden von Präferenzen gegenüber einzelnen Produkten, erscheint für dieses Management Level die größte Herausforderung.[48]

2.5 Businesssituation

Das Führungsverhalten des Wechslers wird ganz entscheidend davon abhängen, in welcher Situation sich das von ihm übernommene Geschäft (Business) zum

---

[46] Metz & Rinck, Transition Coaching Führungswechsel meistern Risiken erkennen Businesserfolg sichern (2010) 32
[47] Metz & Rinck, Transition Coaching Führungswechsel meistern Risiken erkennen Businesserfolg sichern (2010) 36
[48] Metz & Rinck, Transition Coaching Führungswechsel meistern Risiken erkennen Businesserfolg sichern (2010) 36f

Zeitpunkt der Übernahme befindet. Als Manager wird er bei einer Neugründung anders reagieren als beim Auftrag zur Sanierung eines Unternehmens. In Anlehnung an Watkins (2001) unterscheiden wir vier idealtypische Businesssituationen (Geschäftssituationen) und jede davon stellt an den Manager andere An- und Herausforderungen. Die vier von Watkins beschriebenen Situationen sind die „Neugründung und Aufbau" (engl. Start-Up), die „Nachhaltige Erfolgsphase" (engl. Sustaining Success), die „Strategische Neuausrichtung" (engl. Realignment) sowie die „Sanierung" (engl. Turnaround). Mit Ausnahme der Phase des „Nachhaltigen Erfolges" handelt es sich um sogenannte unternehmerische Ausnahmezustände.

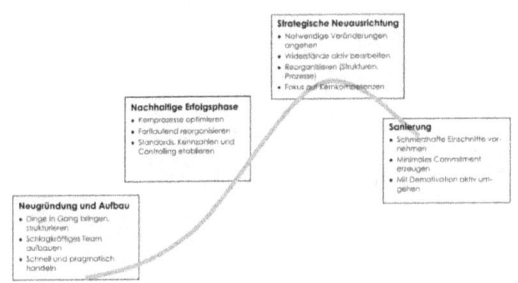

Abbildung 3: Businesssituation[49]

Watkins entwickelte dazu das „ST$_A$RS-Modell" (siehe Abbildung 4), mit dem er die Zusammenhänge der obigen vier Geschäftssituationen abbildet. *Das Modell sagt nichts anderes, als dass Unternehmen in vorhersehbarer Weise*

---

[49] Metz & Rinck, Transition Coaching Führungswechsel meistern Risiken erkennen Businesserfolg sichern (2010) 42

von einer Situation in die andere übergehen können. Wenn der Wechsler die Geschichte des neuen Unternehmens kennt, kann er die Herausforderungen und Chancen der Situation besser einschätzen.[50]

The ST$_A$RS Model

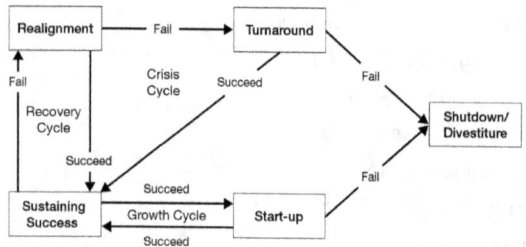

Abbildung 4: ST$_A$RS-Model[51]

Die Befragung zum Thema „Führungswechsel", durchgeführt von
Seipel & Hemmelskamp (2009), zeigt, dass drei von vier Führungswechseln einen dieser Ausnahmezustände zum Anlass hatte.[52]

---

[50] Watkins, Die entscheidenden 90 Tage (2007) 68
[51] Watkins, Die entscheidenden 90 Tage (2007) 68
[52] Seipel & Hemmelskamp, Führungswechsel erfolgreich gestalten (2009) 7

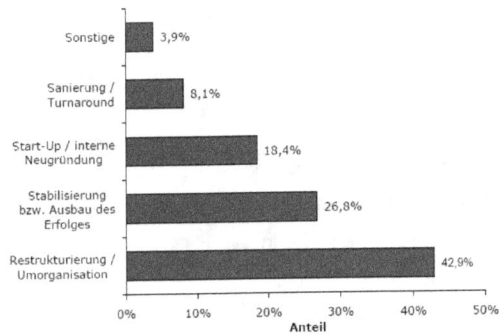

Abbildung 5: Unternehmerische Ausgangslage[53]

Es kommen andere Fähigkeiten zum Tragen und die Prioritäten sind bei jeder Geschäftssituation anders zu setzen. Um sich auf die jeweilige Situation einzustellen und dementsprechend richtig zu reagieren, ist es notwendig, den aktuellen Zustand des Unternehmens zu erkennen. Viele unerfahrene Manager tun dies nicht oder unzureichend, wenden daher altbewährte Management-Methoden an und scheitern kläglich, weil die Businesssituation ein anderes Vorgehen verlangt hätte.[54]

Für einen erfolgreichen Führungswechsel ist es daher unbedingt notwendig, das vorliegende Unternehmen zu analysieren, einer idealtypischen Businesssituation nach Watkins zuzuordnen und zu beurteilen, ob man die

---

[53] Seipel & Hemmelskamp, Führungswechsel erfolgreich gestalten (2009) 21
[54] Metz & Rinck, Transition Coaching Führungswechsel meistern Risiken erkennen Businesserfolg sichern (2010) 39

nötigen Fähigkeiten besitzt, um die jeweiligen Erwartungen und Anforderungen zu erfüllen.

2.5.1 Neugründung

Entscheidet sich der Führungswechsler dazu, die Aufgabe einer Neugründung zu übernehmen, wird von ihm verlangt, mit stark begrenzten Ressourcen die Dinge in Gang zu bringen. Es soll in möglichst kurzer Zeit ein schlagkräftiges Team aufgebaut werden und pragmatisches Handeln innerhalb eines vorgegebenen Budgetrahmens ist angesagt. Um in dieser Phase erfolgreich zu sein und ‚Quick Wins' (schnelle Erfolge, siehe Kap. 2.6.3) vorweisen zu können, sind Mut, Initiative, Unternehmensgeist sowie Improvisation absolut notwendig. Vor allem die Improvisation macht vielen unerfahrenen Managern zu schaffen, da sie sich außerhalb eines vorgegebenen Regelwerkes bewegen und daher auf unsicherem Terrain. Ein hohes Maß an Pioniermentalität würde helfen, sich schnell zurechtzufinden.[55] *Die Anforderung besteht darin, einen vollständigen Neuaufbau von Strukturen zu leisten, die aber doch noch so vage bleiben müssen, dass vielerlei Improvisation möglich ist.*[56]

Während der Phase der Neugründung sind die Strukturen schwach formalisiert und Mitarbeiter daher hochgradig

---

[55] Metz & Rinck, Transition Coaching Führungswechsel meistern Risiken erkennen Businesserfolg sichern (2010) 40

[56] Schreyögg, Coaching für die neu ernannte Führungskraft[2] (2010) 143

„formbar". Mit dem Ende der Pionierphase wird meist ein höherer Grad an Strukturierung und Formalisierung notwendig. Mitarbeiter bilden Widerstand gegen die Änderung und das Gründungsteam, die Mitarbeiter der ersten Stunde, spaltet sich meist in die Lager der „Innovatoren" und „Bewahrer". Ein Führungswechsel während des Übergangs der Neugründung in die Aufbauphase wird daher meist begleitet von Widerstand und Konflikten. Der Wechsler muss sich dessen bewusst sein und auf intensive Mitarbeitergespräche vorbereitet sein.[57]

2.5.2 Erfolgsphase

Die Neugründung und der weitere Aufbau sind gelungen, Kunden nehmen das Produkt an und das Unternehmen befindet sich im Aufstieg. *Während dieser Phase konzentrieren sich die Kräfte der Führungskraft darauf, die Vitalität und Leistungsfähigkeit des neu gegründeten Unternehmens auf hohem Niveau zu stabilisieren und nach Möglichkeit auszubauen.*[58] Es gilt, entgegen bekannten Gesetzmäßigkeiten trotz großer Erfolge die Kernprozesse zu optimieren sowie fortlaufend zu reorganisieren.

Obschon diese Phase von Veränderungsmanagement zur Optimierung von Prozessen geprägt sein wird, muss die

---

[57] Schreyögg, Coaching für die neu ernannte Führungskraft[2] (2010) 143f
[58] Metz & Rinck, Transition Coaching Führungswechsel meistern Risiken erkennen Businesserfolg sichern (2010) 40

neue Führungskraft defensiv agieren, um den Bogen nicht zu überspannen. Veränderungen, die den Erfolg gefährden könnten, sollten vermieden werden.[59]

Findet ein Führungswechsel während der Erfolgsphase statt, soll sich der Wechsler vor Augen führen, dass sein Vorgänger das Unternehmen in blühende Zeiten geführt hat. Der Wechsler muss folglich damit rechnen, zumindest für eine gewisse Zeit, im Schatten seines Vorgängers zu stehen. Um selbst im Licht stehen zu können, ist es ratsam, als ersten Schritt die Mitarbeiter für sich zu gewinnen. So werden zukünftige Erfolge als „gemeinsam" erarbeitet betrachtet.[60]

2.5.3 Restrukturierung

Bei der Restrukturierung eines bestehenden Unternehmens sollen die Weichen *pro aktiv für die Zukunft*[61] gestellt werden. Abhängig vom finanziellen Zustand des Unternehmens kann das Ziel der Restrukturierung sein, *eine „in Schieflage" geratene Geschäftseinheit wiederzubeleben*[62] oder *ein Unternehmen flexibel zu halten und den neuen*

---

[59] Metz & Rinck, Transition Coaching Führungswechsel meistern Risiken erkennen Businesserfolg sichern (2010) 40

[60] Schreyögg, Coaching für die neu ernannte Führungskraft² (2010) 149

[61] Schreyögg, Coaching für die neu ernannte Führungskraft² (2010) 147

[62] Metz & Rinck, Transition Coaching Führungswechsel meistern Risiken erkennen Businesserfolg sichern (2010) 40

Umweltbedingungen anzupassen.[63] Meist ist das *Hauptproblem bei Umstrukturierungen, dass viele den Handlungsbedarf (noch) gar nicht sehen* und sich daher Widerstand und Unverständnis unter den betroffenen Mitarbeitern aufbaut.[64] Bei Widerstand basierend auf Umstrukturierungen ist Vorsicht geboten, da tief verwurzelte organisationskulturelle Normen verändert werden.[65]

Bei der strategischen Neuausrichtung müssen Führungswechsler die notwendigen Veränderungen angehen, Widerstände aktiv bearbeiten, Strukturen und Prozesse reorganisieren und sich auf die Kernkompetenzen ihrer Organisationseinheit konzentrieren.[66] Die Rückbesinnung auf Kernkompetenzen fällt meist leichter, wenn manche *Funktionen im Sinne von „Outsourcing" nach außen gelegt werden.*[67] Wenn Outsourcing betrieben wird, sollte die Führungskraft beachten, dass es zu einer Verschiebung von Verantwortung kommt, denn für die unteren Ebenen der Hierarchie fallen dann meist weniger Routineaufgaben

---

[63] Schreyögg, Coaching für die neu ernannte Führungskraft² (2010) 147

[64] Metz & Rinck, Transition Coaching Führungswechsel meistern Risiken erkennen Businesserfolg sichern (2010) 40f

[65] Schreyögg, Coaching für die neu ernannte Führungskraft² (2010) 147

[66] Metz & Rinck, Transition Coaching Führungswechsel meistern Risiken erkennen Businesserfolg sichern (2010) 41

[67] Schreyögg, Coaching für die neu ernannte Führungskraft² (2010) 147

an, jedoch mehr Entscheidungen, was mit der Folge einer psychischen Überlastung einhergeht.

Aus der Sicht eines Führungswechsels stellt die Phase der Restrukturierung jedenfalls eine interessante Aufgabe dar sowie die Chance, ein Unternehmen nach seinen Vorstellungen zu gestalten. Der Führungswechsler sollte über genügend Führungserfahrung im Umgang mit Widerständen verfügen, denn in dieser Phase stehen Veränderungen und damit einhergehende Widerstände an der Tagesordnung.[68]

2.5.4 Sanierung

Gelingt es einem Unternehmen nicht, mit dem ständigen Umfeldwandel Schritt zu halten, ergibt sich über kurz oder lang eine Diskrepanz zwischen Umfeld- und Eigenentwicklung, was in einen krisenhaften Zustand mündet. Krisenmanagement (KM) wird notwendig, um das Unternehmen zu retten. Beim Krisenmanagement wird zwischen aktivem sowie reaktivem Krisenmanagement unterschieden.[69]

Ist ein Unternehmen im Prinzip „klinisch tot", dann verlangt die prekäre Geschäftssituation enorme Kraftanstrengungen aller Beteiligten, um die notwendige radikale Wiederbelebung zu vollziehen. Es wird entweder

---

[68] Schreyögg, Coaching für die neu ernannte Führungskraft² (2010) 147f
[69] Rosenstiel & Regnet & Domsch, Führung von Mitarbeitern⁵ (2003) 788f

vom Vorstand oder meist auch von Banken ein grundlegender Wandel zur Sanierung verlangt.[70]

Die Herausforderung für die dazu berufene Führungskraft besteht darin, unter Zeitdruck schnell gravierende Einschnitte vorzunehmen, um das Unternehmen aus der Liquiditätskrise herauszuführen. Der zur Sanierung ernannte Wechsler trifft meist auf demotivierte und ängstliche Mitarbeiter. Zu diesen Gefühlen mischen sich gruppendynamische Effekte wie „wir sitzen alle im selben Boot". Aus dieser Gesamtstimmung kann die erfahrene Führungskraft eine gewisse Solidarität und Bereitschaft für drastische Veränderungen ableiten. Sie muss versuchen, *die Krise als einen produktiven Zustand darzustellen, indem er ihr den Beigeschmack der Katastrophe nimmt* (Max Frisch).[71] Das prinzipielle Verständnis für Veränderung ist da, jedoch sind Zeitrahmen und Geschwindigkeit der Umsetzung meist lediglich dem Sanierungsmanager bekannt.[72]

Eine unerfahrene Führungskraft wird aus diesen tiefen Ängsten der Mitarbeiter keine positive Aufbruchsstimmung ableiten können und damit Schwierigkeiten haben, das Team für seine Ideen zum Turnaround zu gewinnen.

---

[70] Metz & Rinck, Transition Coaching Führungswechsel meistern Risiken erkennen Businesserfolg sichern (2010) 41f
[71] Rosenstiel & Regnet & Domsch, Führung von Mitarbeitern[5] (2003) 797
[72] Schreyögg, Coaching für die neu ernannte Führungskraft[2] (2010) 145

Meist muss in dieser Phase ein alternatives Geschäftsfeld aufgebaut werden, um Auftrags- und Ertrags-Ausfall aus der bisherigen Aktivität zu kompensieren. Die Führungskraft muss in der Lage sein, trotz Zeitdruck ein hohes Maß an Kreativität einzubringen, um neue Geschäftsstrategien zu entwickeln.[73]

2.6 Rekrutierungsart

Zur Art der Rekrutierung der richtigen Person zur Besetzung einer Führungsposition gibt es viele verschiedene Szenarien und sie alle sind von unterschiedlichen Herausforderungen an die Führungskraft begleitet. Die wichtigsten Formen der Rekrutierungsart sind wohl der „Aufsteiger", der „Quereinsteiger", der „Seiteneinsteiger" und als Sonderform der „High Potential". Die Befragung durchgeführt von Seipel und Hemmelskamp (2009) zeigt, dass 2/3 der 310 befragten Führungskräfte nicht nur die Position, sondern auch das Unternehmen gewechselt haben. 1/3 der Befragten hat innerhalb des Unternehmens gewechselt.[74] Damit scheint die Rekrutierungsart des „Seiteneinsteigers" gegenüber dem „Aufstieg" sowie dem „Quereinstieg" die häufigste Art der Neubesetzung einer Führungsposition darzustellen.

---

[73] Metz & Rinck, Transition Coaching Führungswechsel meistern Risiken erkennen Businesserfolg sichern (2010) 41f

[74] Seipel & Hemmelskamp, Führungswechsel erfolgreich gestalten (2009) 7

Da der Wechsel in eine Führungsposition einer im Ausland operierenden Tochterfirma entweder dem „Seiteneinstieg" oder dem „High Potential" zuzuordnen ist, werden diese beiden Formen der Rekrutierung im folgenden Abschnitt genauer beleuchtet.

2.6.1 Aufsteiger

Als „Aufsteiger" bezeichnet man Führungskräfte, die in demselben System und sogar in derselben Abteilung von einer Hierarchie-Ebene in die Nächste aufsteigen.[75] Er wandelt sich zum Vorgesetzten seiner vormaligen Kollegen. *Der „Aufsteiger" hat sich in der Regel fachlich so hervorgetan, dass der Vorgesetzte bzw. die Geschäftsleitung auf ihn aufmerksam wurde und ihm nun eine verantwortungsvollere Position zutraut.*[76]

Die wohl größte Herausforderung für den „Aufsteiger" wird es sein, den Rollenwechsel vom Kollegen zum Vorgesetzten zu meistern,[77] denn freundschaftliche Beziehungen zu nunmehr Mitarbeitern werden eine Trennung zwischen persönlichen und beruflichen Interessen schwierig machen.[78]

Die oben genannte Herausforderung für den sogenannten „Kaminaufsteiger" birgt gleichzeitig das höchste

---

[75] Schreyögg, Coaching für die neu ernannte Führungskraft² (2010) 119

[76] Hofbauer & Kauer, Einstieg in die Führungsrolle Praxisbuch für die ersten 100 Tage⁴ (2012) 68

[77] Hofbauer & Kauer, Einstieg in die Führungsrolle Praxisbuch für die ersten 100 Tage⁴ (2012) 68

[78] Hofbauer & Kauer, Einstieg in die Führungsrolle Praxisbuch für die ersten 100 Tage⁴ (2012) 68

Risikopotenzial. Wird die Vorgesetztenrolle nicht entschlossen genug angenommen, dann werden Fachaufgaben nicht an die ehemaligen Kollegen delegiert und es bleibt keine Zeit, die neuen Führungsaufgaben wahrzunehmen. *Erst wenn der neue Chef merkt, dass er im Alltag ständig überlastet ist, wird er mit systematischer Delegation von Aufgaben beginnen.*[79]

Der Aufsteiger muss beginnen, seine Anforderungen zielstrebig und bestimmt, aber freundlich zu kommunizieren – und insgesamt lernen zu führen.[80]

2.6.2 Quereinsteiger

Als „Quereinsteiger" bezeichnet man den Aufstieg von einer Abteilung zum Vorgesetzten einer anderen Abteilung innerhalb derselben Organisation. Der Unterschied zum direkten „Aufstieg" durch den „Kamin" ist dementsprechend der Abteilungswechsel.

Vielfach wird diese Form des Aufstiegs vom betroffenen Wechsler unterschätzt. Er wähnt sich in „bekannten Gewässern", da ihm die Unternehmenskultur und informelle Regeln vermeintlich vertraut erscheinen. Die Herausforderung für den Wechsler liegt demnach im Hinterfragen der abteilungsspezifischen Subkultur sowie der informellen Statushierarchie.[81]

---

[79] Fischer, Neu auf dem Chefsessel Erfolgreich durch die ersten 100 Tage7 (2002) 142f
[80] Schreyögg, Coaching für die neu ernannte Führungskraft² (2010) 122
[81] Schreyögg, Coaching für die neu ernannte Führungskraft² (2010) 122

Das ableitbare Risiko ist, dass der Zeitaufwand zum Erkennen und Verstehen der abteilungsinternen Regeln unterschätzt wird und dem Abbau von gegenseitigen Vorurteilen zu wenig Bedeutung beigemessen wird. Das Image des früheren Bereiches „haftet" förmlich noch am Wechsler und wird im neuen Team zu vorschnellen Schlussfolgerungen führen.

Empfehlenswert ist, im Vorfeld des „Quereinstieges" die Unterschiede und Gemeinsamkeiten zur Ursprungsabteilung zu untersuchen und gründlich über die Ziele, Stil und Methoden der zukünftigen Abteilung zu recherchieren.[82]

2.6.3 Seiteneinsteiger

Der Unterschied vom „Quereinsteiger" zum „Seiteneinsteiger" ist, dass er nicht nur die Abteilung wechselt, sondern das Unternehmen, um dort eine Führungsrolle zu übernehmen. Der „Seiteneinsteiger" durchkreuzt damit die klassischen, internen Aufstiegswege des Unternehmens.[83] Watkins (2007) beruft sich auf amerikanische Erhebungen und diesen zufolge erbringen 40 bis 50 Prozent der „Seiteneinsteiger" nicht die gewünschten Ergebnisse und scheitern.[84] Dieser Anteil an scheiternden Managern, die von außen in ein Unternehmen geholt werden, ist erstaunlich, denn

---

[82] Hofbauer & Kauer, Einstieg in die Führungsrolle Praxisbuch für die ersten 100 Tage⁴ (2012) 66f
[83] Hofbauer & Kauer, Einstieg in die Führungsrolle Praxisbuch für die ersten 100 Tage⁴ (2012) 65
[84] Watkins, Die entscheidenden 90 Tage So meistern Sie jede neue Managementaufgabe (2007) 21

schließlich wird der „Seiteneinsteiger" ins Unternehmen geholt in der Hoffnung, bessere Resultate zu erzielen als durch interne Nachbesetzung. Unternehmen greifen durch „Seiteneinsteiger" auf externes Know-how zurück, da es in den eigenen Reihen nicht ausreichend zur Verfügung steht.[85]

Die Hoffnung auf Verbesserung ist automatisch von hohem Druck auf die von außen kommende Führungskraft begleitet, denn die Geschäftsleitung geht von einem Schub an Innovationen aus. Zusätzlichen Druck macht sich die Führungskraft selbst, denn von außen in ein Unternehmen berufen zu werden, will gerechtfertigt werden. Die vollständige Klärung der Erwartungen zwischen „Seiteneinsteiger" und allen involvierten Personen der Geschäftsleitung steht damit an erster Stelle. Eindrucksvoll bestätigt wird dieser Umstand ebenso durch Befragungsergebnisse von Seipel & Hemmelskamp (siehe Abbildung 6). Über 75 Prozent der befragten Führungskräfte gaben an, dass die Erwartungsklärung mit dem Vorgesetzen an erster Stelle steht, um als Wechsler erfolgreich zu sein.[86]

---

[85] Fischer, Neu auf dem Chefsessel Erfolgreich durch die ersten 100 Tage⁷ (2002) 149
[86] Seipel & Hemmelskamp, Führungswechsel erfolgreich gestalten (2009) 27

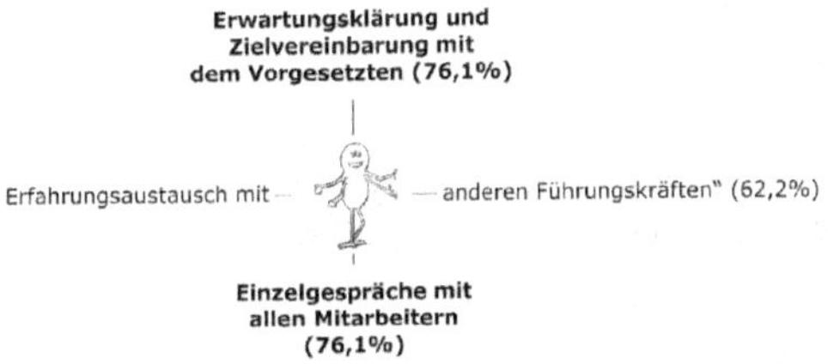

Erwartungsklärung und
Zielvereinbarung mit
dem Vorgesetzten (76,1%)

Erfahrungsaustausch mit — anderen Führungskräften" (62,2%)

Einzelgespräche mit
allen Mitarbeitern
(76,1%)

Abbildung 6: Erwartungsklärung vertikal & horizontal[87]

Die Erwartungen sollen jedoch nicht nur „nach oben hin" geklärt werden, sondern ebenso auf der vertikalen Achse. Von vertikaler Erwartungsklärung spricht man, wenn vom Chef (nach oben) bis zum Mitarbeiter (nach unten) Gespräche zur Zielvereinbarung geführt werden. Die durch Seipel & Hemmelskamp Befragten gaben „Einzelgespräche mit Mitarbeitern" als zweitwichtigstes Instrument für einen erfolgreichen Wechsel an.[88] Mitarbeitergespräche gewinnen noch an Bedeutung, wenn sich im Team ein potenzieller Anwärter aus den eigenen Reihen übergangen fühlt und so der neue Chef in mehrfacher Hinsicht als Bedrohung wahrgenommen wird. Natürlich wird die Aufnahmebereitschaft des „Seiteneinsteigers" vom neuen Team entscheidend vom

---

[87] Seipel & Hemmelskamp, Führungswechsel erfolgreich gestalten (2009) 28
[88] Seipel & Hemmelskamp, Führungswechsel erfolgreich gestalten (2009) 28

Image seines vorhergehenden Unternehmens oder gar seinem ihm vorauseilenden Ruf beeinflusst werden.[89]

Watkins (2007) hat im Jahre 2003 im Rahmen einer Studie unter Geschäftsführern erforscht, dass im Durchschnitt 12,4 Personen im unmittelbaren Umfeld einer Führungskraft von dessen Wechsel betroffen sind und damit unfreiwillig ebenfalls in eine Art Übergangsphase befördert werden.[90] Der Fakt, dass mehr als 12 Mitarbeiter durch einen Wechsel mit einer Verringerung ihres Wirkungsgrades rechnen müssen, bestätigt, wie wichtig das „miteinander reden" zur vertikalen Erwartungsklärung ist.[91] Nur so kann die neue Führungskraft dazu beitragen, dass jede dieser Personen ihren individuellen Break-Even-Point (Rentabilitätsschwelle) ehestmöglich erreicht.

Der Break-Even-Point ist der Punkt, an dem eine Führungskraft in ihrem neuen Unternehmen so viel erwirtschaftet hat, wie sie an Kosten verursacht hat. Neue Führungskräfte kosten zu Beginn mehr, als Sie erwirtschaften (siehe Abbildung 7, Value Consumed). Doch mit jeder Entscheidung, die Sie fällen, beginnen Sie, Werte für Ihr Unternehmen zu schaffen (siehe Abbildung 7, Value Created).[92] Einer Befragung von 210 Geschäftsführern hat ergeben, dass Manager der mittleren Führungsebene in ihrem jeweiligen Unternehmen durchschnittlich 6,2 Monate

---

[89] Hofbauer & Kauer, Einstieg in die Führungsrolle Praxisbuch für die ersten 100 Tage[4] (2012) 65f
[90] Watkins, Die entscheidenden 90 Tage (2007) 21
[91] Schreyögg, Coaching für die neu ernannte Führungskraft[2] (2010)118
[92] Watkins, Die entscheidenden 90 Tage (2007) 16

benötigen, um den Break-Even zu erreichen (siehe Abbildung 7, Break-Even-Point Net Contribution = 0).[93]

The Breakeven Point

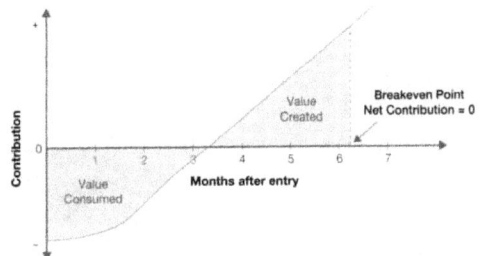

Abbildung 7: Break-Even-Point[94]

Neben der vertikalen Erwartungsklärung gibt es eine Unzahl von Herausforderungen, die ein „Seiteneinsteiger" zu bewältigen hat, um erfolgreich im neuen Unternehmen „anzuwachsen". Oswald Neuberger (1994) vergleicht den Unternehmenswechsel einer Führungskraft mit einer Organtransplantation. Dieser Vergleich erscheint mir sehr passend, da die Phasen einer Transplantation, deren Bedeutung und Risiken deckungsgleich mit dem Wechsel eines „Seiteneinsteigers" sind.[95] Wird ein Organ in einen anderen Körper verpflanzt, so muss es von dessen System erst angenommen und akzeptiert werden. So wie bei jeder Transplantation entscheidet die Phase nach der eigentlichen Operation über den Erfolg oder Misserfolg der Operation.

---

[93] Watkins, Die entscheidenden 90 Tage (2007) 16
[94] Watkins, Die entscheidenden 90 Tage (2007) 16
[95] Neuberger, Personalentwicklung² (1994) 124

Die Risiken für das Unternehmen und jene des Wechslers selbst sind beim „Seiteneinstieg" ungleich höher als bei anderen Rekrutierungsformen. Watkins bestätigt das mit einem Befragungsergebnis aus dem Jahr 1999, als er 100 Personalchefs von Fortune-500 Unternehmen zu diesem Thema befragt.[96] Vier Gründe geben sie für die hohe Misserfolgsquote an:

Als erster Grund werden größere Anpassungsschwierigkeiten beim Kennenlernen der Unternehmenskultur genannt. Beim „Seiteneinstieg" wird die Führungskraft regelrecht in eine neue Unternehmenskultur geschleudert und durchlebt eine Art „Kulturschock". Speziell beim internationalen Führungswechsel erlebt die Führungskraft eine Überlappung kultureller Dimensionen – einerseits die fremde Kultur des Landes (Regionalkultur) und andererseits die neue Unternehmenskultur, an die man sich erst gewöhnen muss. Wechselt der „Seiteneinsteiger" auch die Branche oder Berufsgruppe, kommt mit der Berufskultur noch eine weitere Kultur-Komponente hinzu. Je mehr kulturelle Dimensionen beim jeweiligen Führungswechsel involviert sind, umso höher ist der Aufwand, sich zu akklimatisieren.[97] Ähnlich der kulturellen Akkulturation folgt der anfänglichen Phase der Euphorie nach etwa drei Monaten eine eher depressive Zeit. Der innerliche Kampf zwischen „Anpassen" und „sich

---

[96] Watkins, Die entscheidenden 90 Tage (2007) 21
[97] Watkins, Die entscheidenden 90 Tage (2007) 59ff

sträuben" tobt stark und kostet den Wechsler viel Energie.[98]

Nicht nur die verschiedenen Kulturen soll der Führungswechsler in sich aufnehmen, sondern ebenso die Organisationsstruktur, Kommunikationsnetzwerke und das informelle Unterleben des Systems auskundschaften und durch Einzelgespräche die Dynamik am neuen Arbeitsplatz erfassen. Aus psychologischer Sicht ist der Wechsel erst vollzogen, wenn der „Seiteneinsteiger" sich innerlich von der vorhergehenden Position verabschiedet hat. Mit dem Verinnerlichen der neuen Unternehmensrealität kann erst begonnen werden, wenn mit der vorherigen Position und Rolle vollständig abgeschlossen wurde.[99] Idealerweise hat der Wechsler diesen Abschluss zum Zeitpunkt vollzogen, wenn er die neue Stelle annimmt, denn er steht von Beginn an unter erheblichem Zeitdruck, die oben genannten Facetten der neuen Organisation kennenzulernen.[100]

Als dritten Punkt führt Watkins die (noch) fehlende Glaubwürdigkeit im neuen Umfeld des Managers an. Der „Seiteneinsteiger" als Person sowie seine Leistungen aus der Vergangenheit sind dem neuen Unternehmen nicht bekannt. Der „Neue" muss sich erst beweisen und zeigen, wozu er fähig ist. Sogenannte „Quick Wins" (Schnelle Erfolge, siehe Kap. 2.5.1) können in dieser Zeit hilfreich

---

[98] Schreyögg, Coaching für die neu ernannte Führungskraft² (2010)128
[99] Schreyögg, Coaching für die neu ernannte Führungskraft² (2010) 124ff
[100] Fischer, Neu auf dem Chefsessel⁷ (2002) 150f

sein, um sich schnell eine gewisse Reputation aufzubauen. Andererseits können frühe Fehler lange Zeit dafür sorgen, dass der Wechsler Schwierigkeiten hat, akzeptiert zu werden. Fehlende „Schnelle Erfolge" können auch zu Vorsicht und Zurückhaltung bei den Mitarbeitern führen, da auch sie ihren neuen Chef noch nicht kennen.[101] Vorsicht ist geboten, wenn Mitarbeiter sich den „Seiteneinsteiger" in einen „fertigen" Chef fantasieren, ohne ihm die nötige Zeit zum Einleben zu gestatten.[102]

Als vierten und letzten Punkt führt Watkins an, dass es Unternehmen mit einer langen Tradition interner Beförderungen schwerfällt, sich an Top-Manager von außen zu gewöhnen. Dadurch besteht die Gefahr, dass langjährige, fähige Mitarbeiter verunsichert sind und sich möglicherweise übergangen fühlen und abwandern.[103]

Den oben angeführten Risiken stehen auch Vorteile gegenüber, die hier nicht unerwähnt bleiben sollen. Die Unternehmensstruktur und Kultur nicht zu kennen, bedeutet gewissermaßen, vom System befreit zu sein. Der „Seiteneinsteiger" ist nicht betriebsblind oder „pfadabhängig".[104] Er kann seine Erfahrungen aus der Vergangenheit zweck- und zielorientiert einsetzen und so für das neue Unternehmen als Lieferant von Innovationen

---

[101] Hofbauer & Kauer, Einstieg in die Führungsrolle⁴ (2012) 66
[102] Schreyögg, Coaching für die neu ernannte Führungskraft² (2010)127f
[103] Hofbauer & Kauer, Einstieg in die Führungsrolle⁴ (2012) 65f
[104] Schreyögg, Coaching für die neu ernannte Führungskraft² (2010)128

wichtig sein. Er kann unter Umständen Veränderungen durchführen, die ohne ihn nicht durchsetzbar oder umsetzbar gewesen wären. Abhängig von der Situation, in der sich das Unternehmen gerade befindet, kann ein „Seiteneinsteiger" durch neue Sichtweisen und Ansätze „frischen Wind" in ein Unternehmen bringen.

Der „Seiteneinsteiger" kann Vorkehrungen treffen, um erfolgreich zu sein, und die wichtigsten Punkte eines solchen Erfolgs-Rezeptes lauten nach Hofbauer & Kauer (2012) wie folgt:

- *Zeit einplanen, um Organisation, Kultur, Gepflogenheiten, Normen, Tabus, Sprache, Regeln des neuen Unternehmens kennenzulernen und zu recherchieren.*
- *Hinterfragen, warum eine Führungskraft von außen für diese Position gesucht wurde.*
- *Mit der Personalabteilung klären, ob es interne Bewerber gegeben hat und wenn ja wer und warum diese abgelehnt wurden.*
- *Sich vom ersten Tag an vornehmen, Schlüsselpersonen zu identifizieren und Netzwerke zu bilden.*[105]

Abschließend ist zum „Seiteneinsteiger" zu sagen, dass Führungswechsel dieser Art kein Sprint sind, sondern einem Marathon gleichen. Dementsprechend sollte ein gleichmäßiges, aber stetes Tempo gewählt werden

---

[105] Hofbauer & Kauer, Einstieg in die Führungsrolle[4] (2012) 66

gemäß dem Leitsatz: „Nicht der Schnelle wird siegen, sondern der Ausdauernde."

2.6.4　High Potential

Der Begriff „High Potential" bedeutet wörtlich übersetzt „Hohes Potential" und bezieht sich meist auf junge, noch unerfahrene Manager, die schon früh in ihrer Karriere für höhere Führungsaufgaben ausgewählt werden. Die Bandbreite des Ausleseverfahrens ist von Unternehmen zu Unternehmen unterschiedlich und kann von einem regelrechten Programm zur Förderung potenzieller Nachwuchsführungskräfte bis hin zum simplen „ins kalte Wasser werfen" alles abdecken. *Die sogenannten „High-Potentials" werden damit gezielt auf Führungspositionen und bestimmte Karrierewege vorbereitet. Sie sollen sich bewähren und sich damit für die nächste Position qualifizieren.*[106]

Den „High Potential" zeichnet meist großes Selbstbewusstsein, hohe Motivation sowie überdurchschnittliche Leistungsbereitschaft aus. Die Geschäftsleitung erfreut sich des „unverdorbenen Blickes" und erhofft sich dadurch neue Ideen und innovative Ansätze. Die Art des Führungswechsels eines „High Potentials" ist meist mit Skepsis verbunden. Vor allem ältere Mitarbeiter, denen ein jüngerer Chef vorgesetzt wird, reagieren meist zurückhaltend auf diese Veränderung. Ein „High Potential" benützt die neue Führungsposition oft nur als Sprung auf der Karriereleiter.

---

[106] Hofbauer & Kauer, Einstieg in die Führungsrolle⁴ (2012) 70

Seine Mitarbeiter sind sich der zeitlichen Begrenzung seines Engagements sehr wohl bewusst. Der Argwohn der Mitarbeiter gegenüber dem jungen Chef kann sogar dazu führen, dass fachlich kompetente Mitarbeiter ihr Wissen nicht teilen oder ihm unterstellen, dass er den Job lediglich wegen seiner guten Beziehungen zur Chefetage bekommen habe.

All diese Ressentiments gegen den jungen Manager behindern das Vorankommen des Teams als solches und das Erreichen der Ziele. Dem „High Potential" wird dringend zu Gesprächen mit den Mitgliedern geraten, um sich ein Bild über deren Gefühlswelt zu machen und dementsprechend zu reagieren.

Der „High Potential" ist wie erwähnt meist jung und oft unerfahren und so wäre es weise, Beziehungen zu den Schlüsselpersonen und Know-how-Trägern des Teams aufzubauen. Ihnen gegenüber manchmal „Schwäche" zu zeigen und sie um ihren Rat zu fragen, wird ihm den Respekt dieser Personen des Teams einbringen. Unwissenheit und Unsicherheit zu verbergen oder zu leugnen, würde zu einer Verschlechterung der Beziehungen führen mit der Konsequenz, den Wissenstransfer zu gefährden.

2.7 Integration neuer Mitarbeiter

Ich denke, man kann zweifelsohne behaupten, dass der erste Arbeitstag für jeden von viel Nervosität und Neugier begleitet wird. In Bezug auf die Bedeutsamkeit ist der erste Arbeitstag und die damit verbundene Stimmung mit dem ersten Schultag gleichzusetzen. Ein Unterschied, der bei diesem Vergleich sofort ins Auge fällt, ist, dass der Schulanfänger von mindestens einem Elternteil durch seine erste Schulerfahrung begleitet wird. Die Eltern und Lehrer wissen, wie wichtig es ist, dem Kind beim ersten Kontakt mit Schule, Lehrer und neuen Mitschülern durch die Anwesenheit der Eltern so viel Sicherheit, Vertrautheit und Geborgenheit wie nur möglich zu bieten. Warum vergessen viele Geschäftsführer ihren ersten Schultag und verzichten gänzlich auf ein Programm zur planmäßigen, standardisierten und umfassenden Einführung und Begleitung der Unternehmens-Neulinge?

Unter der Integration von neuen Mitarbeitern versteht man den Prozess der Eingliederung eines Neulings oder Fremden in eine ihm bis dato unbekannte Organisation. Der Prozess der Integration gilt als erfolgreich, wenn das neue Mitglied der Organisation zu einem „Vollmitglied" wird. Als sogenanntes „Vollmitglied" gilt man, wenn der wechselseitige Prozess der Anpassung abgeschlossen ist. *Die Person verändert sich, um zur Gruppe oder Organisation zu passen (Assimilation), gleichzeitig aber ändert sie diese, damit sie zu ihr passen (Akkommodation).*[107] Neuberger (1994) spricht in diesem Zusammenhang von betrieblicher Sozialisation.[108]

Wie in Kapitel 2.6.3 Seiteneinsteiger bereits ausgeführt, ist bekannt, dass der Break-Even-Point eines neuen

---

[107] Harrison, Rollenverhandeln: ein „harter" Ansatz zur Team Entwicklung. In Sievers B. (Hrsg): Organisationsentwicklung als Problem (1977) in Neuberger (1994) 123
[108] Neuberger, Personalentwicklung² (1994) 123

Mitarbeiters bei etwas mehr als sechs Monaten liegt. Es sollte daher das Bestreben einer jeden Organisation sein, den Break-Even schnellstmöglich zu erreichen. Dies gilt nicht nur für den neuen Mitarbeiter selbst, sondern ebenso für die Organisation oder das Team, in das er „verpflanzt" wird. Wie in Kapitel 2.6.3 Seiteneinsteiger erwähnt, sind von einem Führungswechsel durchschnittlich mehr als 12 Personen betroffen. Sie alle durchlaufen einen neuerlichen Prozess der Anpassung und brauchen Zeit, um zur Höchstleistung aufzulaufen.

Aus diesen oben genannten beiden Gründen sollte der Einführung von neuen Mitarbeitern größtmögliche Aufmerksamkeit geschenkt werden.

Nach Neuberger (1994) werden grundsätzlich vier Personengruppen unterschieden, welche in einer Organisation integriert werden können:

- Berufsanfänger
- Berufswechsler
- Firmenwechsler
- innerorganisatorischer Stellenwechsler

Der Prozess der betrieblichen Sozialisation wird meist als ein Drei-Stufen- oder –Phasen-Modell vorgestellt und beschrieben. Die drei Phasen lauten „Vor-Eintritts-Phase", „Eintritts-Phase" und „Metamorphose-Phase" und beschreiben die schrittweise „Vergesellschaftung" des Neulings bis hin zum „Vollmitglied". Der Ablauf der betrieblichen Sozialisation mit seinen drei Phasen wiederholt sich im Laufe einer Karriere immer dann, wenn es zu einem Jobwechsel kommt.[109]

2.7.1 Dauer der Integration

Die Dauer der Einführung eines neuen Mitarbeiters in ein Unternehmen kann nicht genau bestimmt werden. Einflussgrößen sind insbesondere unternehmens-, funktions- und mitarbeiterbezogene Faktoren[110], die in Abbildung 8 aufgeführt sind.

Watkins (2007) gibt den durchschnittlichen Break-Even-Point eines Führungswechsels mit 6,2 Monaten an (siehe Kap. 2.6.3), lässt jedoch offen, ob er bei seinen Erhebungen auch internationale Führungswechsel mit einbezieht.[111]

Fischer (2002) geht in seinem Buch ‚Neu auf dem Chefsessel' in Teil drei ‚Internationaler Führungswechsel' explizit auf auf dieses Thema ein und gibt an, *dass internationale Wechsler erfahrungsgemäß doppelt soviel Zeit für die Einstiegsphase brauchen als bei einem nationalen Wechsel.*[112]

---

[109] Neuberger, Personalentwicklung² (1994) 122ff
[110] Hoffmann, Integration neuer Mitarbeiterinnen und Mitarbeiter (2007) 9
[111] Watkins, Die entscheidenden 90 Tage (2007) 16
[112] Fischer, Neu auf dem Chefsessel⁷ (2002) 182

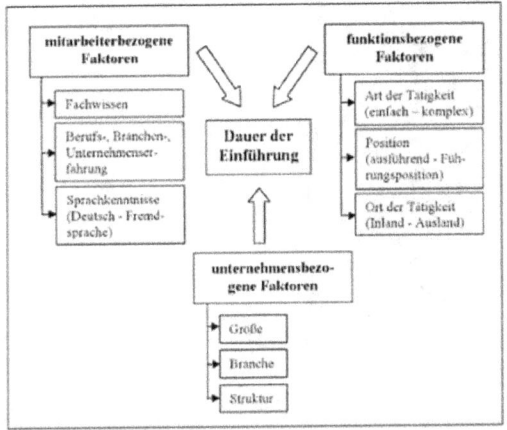

Abbildung 8: Einflussfaktoren auf die Dauer der Integrationsphase[113]

Der Befragung von Seipel & Hemmelskamp (2009) zufolge glauben Führungskräfte, dass sie neun Monaten nach dem Wechsel einen Wirksamkeitsgrad von knapp über 90% erreichen. Im Mittel würden Wechsler somit während der ersten neun Monate mit etwa 60% Wirksamkeit funktionieren und so weit unter ihrem Potenzial bleiben (siehe Abbildung 9).[114]

---

[113] Hoffmann, Integration neuer Mitarbeiterinnen und Mitarbeiter (2007) 9
[114] Seipel & Hemmelskamp, Führungswechsel erfolgreich gestalten (2009) 29

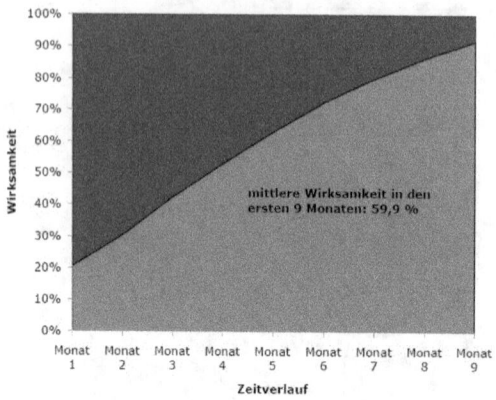

Abbildung 9: Wirksamkeit von Führungswechsler[115]

2.7.2 Vor-Eintritts-Phase

In der Vor-Eintritts-Phase bilden sich Erwartungen an den künftigen Arbeitsplatz und des zukünftigen Lebensabschnittes. Der Neuling richtet seine Fähigkeiten, Erwartungen, Lebenspläne und Anspruchsniveaus auf die zukünftige Stelle und damit einhergehenden Herausforderungen aus. Dazu zählen auch alle Erfahrungen des Wechslers, die er während des Bewerbungsverfahrens macht. Hier gilt: „Es gibt keine zweite Chance für den ersten Eindruck." Speziell während der Bewerbungsgespräche soll Wert darauf gelegt werden, sowohl positive als auch negative Aspekte der Tätigkeit wahrheitsgetreu darzustellen, um ein realistisches Bild der Stelle, des Umfeldes und der Situation zu vermitteln. Wird dies verabsäumt, sind

---

[115] Seipel & Hemmelskamp, Führungswechsel erfolgreich gestalten (2009) 29

Frustration und Enttäuschung des Neuen unabdingbar und die Bleibewahrscheinlichkeit reduziert sich drastisch.[116]

Zur Vorbereitung vonseiten der Organisation zählen sowohl rechtzeitige Zurverfügungstellung der notwendigen Arbeitsressourcen sowie die Einplanung von fixen Zeitfenstern der Vorgesetzten, in welchen ihnen die neue Person vorgestellt wird und der bei dieser Gelegenheit die Firmen-Philosophie anhand des Leitbildes erklärt wird.[117]

2.7.3 Eintritts-Phase

Ein(e) BewerberIn wurde akzeptiert und hat als BewerberIn die Organisation akzeptiert.[118] Es hat eine „Doppelwahl" stattgefunden und es kommt schließlich zum allseits bekannte „Sprung (oder Wurf) ins kalte Wasser". Der Neuling hat versucht, sich auf die Situation des ersten Arbeitstages vorzubereiten und einzustellen, und trotzdem fühlt er sich unsicher, angreifbar und nervös. Da es sich beim Eintritt in ein neues Unternehmen selten um einen gleitenden, schleichenden Übergang handelt, sondern um einen plötzlichen Vorgang wird empfohlen, diesen durch Eintrittsrituale abzufedern. Durch die Ritualisierung der ersten Stunden in der neuen Umgebung kommt es zu einer drastischen Entlastung aller Beteiligten. Diese Entlastung wird vom Neuling mit Sicherheit als angenehm empfunden werden. Eines der Hauptprobleme beim

---

[116] Neuberger, Personalentwicklung² (1994) 123f
[117] Becker, Managementtraining für den Führungsnachwuchs (2000) 69
[118] Neuberger, Personalentwicklung² (1994) 126

Umgang mit Neulingen ist der operative Arbeitsalltag – dieser gibt den Vorgesetzen kaum die nötige Zeit zur „Einführung in Ruhe". Durch standardisierte Einführungsprogramme soll der Vorgesetzte entlastet werden.

In Anlehnung an SCHEIN (1964) sprechen wir von fünf möglichen Varianten, wie sich die Eintritt-Phase gestalten kann. Wie oben erwähnt, gibt es den „Wurf ins Wasser", bei dem der Neuling von Beginn an wie ein Vollmitglied behandelt wird und versuchen muss, sich über Wasser zu halten.[119]

Als zweite Möglichkeit nennt SCHEIN „Grenzen aufzeigen". Schon von Anfang an werden dem Neuling schwere Aufgaben anvertraut. Damit ist er zum Scheitern verurteilt und wird so „klein" gemacht, um in weiterer Folge offener für Einflussnahmen zu sein.[120]

Die nächste Variante nennt SCHEIN „Arbeitsbegleitendes Training". Der neue Mitarbeiter wird in den Arbeitsalltag mit einbezogen, jedoch steht ihm bei Aufgaben, die ihn überfordern, stets jemand hilfreich zu Seite, um zu erklären und zu trainieren.[121]

Als weitere Abstufung eines möglichen Eintritts wird die „Trainingsbegleitende Aufgabenübernahme" genannt. Hier gibt es ein Trainingsprogramm für den Neuen und gelegentlich wird das Trainingsprogramm unterbrochen,

---

[119] Neuberger, Personalentwicklung^2 (1994) 126
[120] Neuberger, Personalentwicklung^2 (1994) 127
[121] Neuberger, Personalentwicklung^2 (1994) 127

um Kontakt mit der Praxis zu erlauben und so die ersten Erfahrungen zu sammeln.[122]

Als letzte Variante der Eintrittsgestaltung führt SCHEIN das „Vollzeitliche Einführungstraining" an. Auch hier folgt der Neuling einem Trainingsprogramm, jedoch ohne jeglichen Kontakt mit der Praxis. Erst nach Abschluss des Trainings wird er der Arbeitsrealität ausgesetzt.[123]

Als Fazit ist zur Eintritts-Phase zu sagen, wie wichtig sie für den langfristigen und nachhaltigen Verbleib des neuen Mitarbeiters ist. Ein solider erster Eindruck wird lange nachwirken und dafür Sorge tragen, dass es zu einem schnellen „Anwachsen" im Team und der Organisation kommt und so der Break-Even-Point früher erreicht werden kann. Legt ein Unternehmen zu wenig bis keinen Wert auf gezielte Integration, muss mit einer hohen Fluktuationsrate und hohen Fluktuationskosten gerechnet werden.[124]

2.7.4 Metamorphose-Phase

Während dieser Phase soll aus dem Neuling ein Vollmitglied werden. Er ist vollständig mit der Organisation, deren Kultur, Sprache und Umgangsformen verschmolzen. Spielregeln und informelle Strukturen hat er vollständig verinnerlicht, sich ein Netzwerk geschaffen,

---

[122] Neuberger, Personalentwicklung² (1994) 127
[123] Neuberger, Personalentwicklung² (1994) 127
[124] Becker, Managementtraining für den Führungsnachwuchs (2000) 68f

unterhält Beziehungen zu Schlüsselpersonen und ist vom Rest des Teams nicht mehr zu unterscheiden.

Die Einarbeitung kann als gelungen betrachtet werden, wenn der neue Mitarbeiter die mit der Stelle verbundenen Aufgaben genau kennt, er Wissens- und Fähigkeitsdefizite ausgleichen kann, Loyalität sowie eine hohe Bindung an das Unternehmen entwickelt hat. Unter diesen Voraussetzungen wird er auch in nicht klar definierten Situationen flexibel und „richtig" reagieren können.[125]

Neuburger (1994) beschreibt das Ergebnis dieser Phase bildlich als angenommenes Transplantat und Metz & Rinck (2010) ziehen eine Querverbindung zur Pflanzenwelt und bezeichnen den Mitarbeiter als „vollständig angewachsen". Beide Beispiele zeigen symbolisch, dass etwas oder jemand Teil eines Systems geworden ist und die neuerliche Herauslösung ein Loch zurücklassen würde. Ich denke, der Eintritt ist genau dann gelungen und erfolgreich abgeschlossen, wenn dieser Eindruck entsteht.

2.8 Bausteine erfolgreicher Führungswechsel

Als theoretisches Modell für diese Arbeit wählt der Autor die ‚7 Bausteine erfolgreicher Führungswechsel' nach Fischer. Wie bereits oben in dieser Arbeit beschrieben, existiert eine Unzahl von Risiken, Chancen und Herausforderungen, mit denen ein Führungswechsler konfrontiert wird. Verschiedenste Umfeld- Bedingungen geben jedem Stolperstein noch zusätzliche Facetten und

---

[125] Rosenstiel & Regnet & Domsch, (2009) 149ff

zwingen die Führungskraft, anders darauf zu reagieren.
Viele Fallstricke sind mit- und ineinander verwoben und
Fischer arbeitet die seiner Meinung nach wichtigsten
Punkte zum erfolgreichen Führungswechsel heraus. In
seinem Buch
‚Neu auf dem Chefsessel' (2002) reduziert Fischer die
vielen Fronten, an denen ein Führungswechsler in den
ersten 100 Tagen zu bestehen hat, auf sieben. Sowohl
Unternehmen als auch Führungswechsler sind
angehalten, sich diese sieben Bausteine zu Herzen zu
nehmen, um damit den Grundstein für den erfolgreichen
Wechsel der Führungskraft zu legen.

2.8.1 Erwartungen

Der erste Baustein nach Fischer behandelt die offensive
Klärung der Erwartungen mit allen vom Wechsel
beteiligten Personengruppen. Die Betonung liegt
einerseits auf ‚offensiv' und andererseits auf ‚allen'
Personengruppen.
Fischer erklärt, dass vor allem junge und unerfahrene
Manager oder Erstwechsler meist wenig Zeit zur Klärung
der Erwartungen verwenden, da sie glauben, ihr
Vorgesetzter würde dies als Schwäche oder Unsicherheit
verstehen. Genau das Gegenteil ist der Fall: Je
unerfahrener der Manager ist, sowohl als Führungskraft
oder als Wechsler, desto aktiver und offensiver sollte er
Möglichkeiten zur Erwartungsklärung suchen (siehe Kap.
2.6.4).
Gleiches gilt auch für den bereits beschriebenen
‚Seiteneinsteiger' (siehe Kap. 2.6.3), der weder das
Unternehmen noch seinen Vorgesetzten genau kennt.

‚Seiteneinsteiger' sind meist geblendet von Verhandlungen über ihre vertraglichen Konditionen und Zukunftsperspektiven und übersehen dabei vollkommen den Aspekt der Erwartungsklärung.

Wichtig dabei ist zu beachten, dass Erwartungen im eigentlichen Sinne nicht immer mit quantitativen Zielen gleichzusetzen sind. Erwartungen sind eher unterschwellig und emotionaler Natur. Es handelt sich um Hoffnungen, Annahmen oder Befürchtungen, die es zu hinterfragen gilt.[126] Jedoch können geklärte Erwartungen sehr wohl in quantitative Ziele münden oder zumindest das Bild über deren Inhalt vervollständigen. Ausdrücklich zu warnen ist vor ‚stillen' oder unausgesprochenen Erwartungen. Bleiben diese im Verborgenen und werden in weiterer Folge nicht erfüllt, führt dies zu unangenehmen Situationen und Überraschungen für den Wechsler, die vermieden hätten werden können.

Im Zusammenhang mit der Erwartungsklärung ist die Erkenntnis wichtig, dass eine Vielzahl von Zielgruppen besteht, mit denen über die gegenseitigen Erwartungen gesprochen werden sollte. Nur wenn sich die Führungskraft über diese Zielgruppen bewusst ist, kann Schritt für Schritt an die Erwartungsklärung herangegangen werden. Die betroffenen Personengruppen ändern sich mit der individuellen Situation des Wechslers. Entscheidend ist, keine der

---

[126] Fischer, Neu auf dem Chefsessel[7] (2002) 26

Zielgruppen zu vergessen, zu übersehen oder zu unterschätzen.

Ein geistiger „365°-Check" ist empfehlenswert, um alle betroffenen Personengruppen zu erfassen (vgl. Abbildung 10).

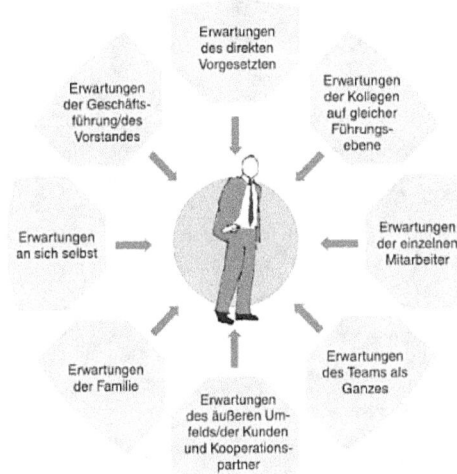

Abbildung 10: 365-Grad Check der Erwartungszielgruppen[127]

Unabhängig von Umfeld und Situation können mindestens vier Zielgruppen zur Erwartungsklärung in jedem Fall identifiziert werden.
Wie in dieser Arbeit bereits in Kap. 2.6.3. näher erläutert, spricht man bei der Erwartungsklärung von Achsen. Bei

---

[127] Hofbauer & Kauer, Einstieg in die Führungsrolle: Praxisbuch für die ersten 100 Tag⁴ (2012) 38

der vertikalen Achse finden sich an den gegenseitigen Enden der Chef und die Mitarbeiter. Bei der horizontalen Achse befinden sich an einem Ende die Kunden und am anderen Ende die gleichrangigen Kollegen.[128] Erwähnenswert ist im Falle von internationalen Wechseln die Familie als besonders wichtige Zielgruppe zur Erwartungsklärung.[129] Der Familie sollte zur Besprechung der Erwartungen nicht nur die oberste Priorität eingeräumt werden, sondern auch die meiste Zeit gewidmet werden. Übersehene Erwartungen der Familie oder einzelner Familienmitglieder können sich zu einem späteren Zeitpunkt massiv auf die Leistung eines Wechslers auswirken, den Führungswechsel, gefährden oder gar zum Scheitern bringen.[130] Das Scheitern eines Führungswechsels aufgrund enttäuschter Erwartungen der Familie hinterlässt meist nicht nur einen Knick in der Karriere, sondern ebenso Spuren in der Beziehung.[131] Gleichgültig, um welche Zielgruppe es sich handelt, sollten Erwartungen des Gegenübers vorerst lediglich als Anregungen und Sichtweisen eingeordnet werden. Es ist nicht empfehlenswert, Erwartungen unmittelbar als konkrete Aufgaben zu sehen und sofort an der Erfüllung selbiger zu arbeiten. Werden Erwartungen wie Puzzlestücke verstanden, welche nach und nach zu einem Ganzen zusammengefügt werden, hilft das dem Wechsler, die nötige Geduld aufzubringen und abzuwarten, bis das

---

[128] Fischer, Neu auf dem Chefsessel[7] (2002) 19ff
[129] Fischer, Neu auf dem Chefsessel[7] (2002) 182
[130] Schreyögg, Coaching für die neu ernannte Führungskraft[2] (2010) 183ff
[131] Fischer, Neu auf dem Chefsessel[7] (2002) 182f

Bild als Ganzes sichtbar wird. Erst dann sollten Ziele und Aufgaben abgeleitet und in Abhängigkeit ihrer Dringlichkeit priorisiert werden.

Die Erwartungsklärung darf nicht als einmalige Aufgabe betrachtet werden. Dies würde mit Sicherheit zum Scheitern des Wechslers führen. Erwartungen verändern sich und passen sich an neue Gegebenheiten an. Sie müssen folglich immer wieder aufs Neue hinterfragt werden, um sicherzustellen, dass man mit allen betroffenen Personen noch im Einklang ist.

Vor allem die vertikale Achse zur Erwartungsklärung sollte häufig auf ihre Aktualität hin überprüft werden. Eine offene Gesprächskultur mit Vorgesetztem und Mitarbeitern ist Voraussetzung.

Beim internationalen Wechsel ist es ratsam, häufig mit der Konzernleitung über die gegenseitigen Erwartungen zu sprechen. Da man aufgrund der geografischen Distanz nicht täglich über das operative Geschäft einander ausgesetzt ist, werden Erwartungsänderungen der anderen Person nicht automatisch wahrgenommen. Ein gezieltes Hinterfragen in kurzen Zeitabständen ergibt daher Sinn und schützt den Wechsler im Ausland vor überraschenden ‚Kursänderungen'.[132]

2.8.2 Schlüsselbeziehungen

Sie sollten sich nicht erst mitten in der Nacht bei Ihren Nachbarn vorstellen, wenn Ihr Haus abbrennt. Es ist keine

---

[132] Hofbauer & Kauer, Einstieg in die Führungsrolle: Praxisbuch für die ersten 100 Tag[4] (2012) 36ff

gute Idee, einen Menschen zum ersten Mal anzusprechen, wenn Sie etwas von ihm brauchen.[133] Wenn ihr Haus erst einmal brennt, sollten sie bereits wissen, auf welchen Nachbarn sie zählen können und auf welchen nicht. Auf die Situation eines Führungswechsels umgelegt würde das bedeuten, dass mit dem Aufbau von Beziehungen sofort begonnen werden soll und nicht erst, wenn man die Unterstützung einer bestimmten Person benötigt.

Als Wechsler, unabhängig ob ‚Aufsteiger' oder ‚Seiteneinsteiger', werden Ziele und Projekte zu realisieren und Veränderungen notwendig sein. Zur Umsetzung selbiger wird der Wechsler die Hilfe von Personen, Teams oder Abteilungen benötigen, welche ihm nicht direkt unterstellt sind.[134] Dadurch ist sein Einfluss gegenüber diesen Teilen der Organisation limitiert bis gar nicht vorhanden. Um trotzdem erfolgreich Ziele zu realisieren und Veränderungen zu ermöglichen, ist der Wechsler gut beraten, wenn er schnellstmöglich damit beginnt, Personen, die ihm zukünftig hilfreich sein könnten, zu identifizieren und eine Beziehung aufzubauen. *Der Begriff ‚Networking' steht für gezielte und systematische Entwicklung eines einflussreichen Beziehungsnetzwerkes.*[135] Der Begriff ‚Networking' setzt sich aus den beiden englischen Wörtern ‚net' (Netz) und ‚working' (arbeiten) zusammen und drückt bereits aus, dass das Schmieden von Beziehungen wohl als Arbeit gilt.

---

[133] Watkins, Die entscheidenden 90 Tage (2007) 170
[134] Doppler & Lauterburg, Change Management. Den Unternehmenswandel gestalten[12] (2008) 181f
[135] Fischer, Neu auf dem Chefsessel[7] (2002) 48

Als Arbeit im weiteren Sinne sollte ‚Networking' vom Führungswechsler auch tatsächlich betrachtet werden. Es kostet Zeit, eine Beziehung zum Leben zu erwecken und noch mehr Zeit diese zu erhalten. Diese Zeit muss sich der Wechsler nehmen und fix einplanen. Viele Jungmanager unterschätzen diese Tatsache, sind voller Tatendrang und übersehen dabei vollkommen, wie sehr sie später auf gute Beziehungen angewiesen sind.
Bevor der Wechsler mit dem Aufbau wichtiger Beziehungen beginnen kann, muss er diese identifizieren. Ein Firmeninsider wird sich dabei ungleich leichter tun als ein ‚Seiteneinsteiger'. Als Insider kann er aufgrund seiner langjährigen Firmenzugehörigkeit möglicherweise auf ein gutes Netzwerk zurückgreifen. Gefordert ist der Blick hinter die Kulissen der offiziellen Organisationsstruktur.[136] Es gilt, die informellen Einflussnetzwerke zu analysieren. In der Literatur wird auch vom sogenannten ‚Schattenunternehmen' gesprochen, also jene Struktur eines Unternehmens, welche im Schatten des offiziellen Organigramms liegt.[137]
Ziel soll es dabei sein, Personen, welche einem beim Durchsetzen von eigenen Zielen den Rücken stärken, zu identifizieren. Meist handelt es sich um einflussreise Personen innerhalb der Organisation, auf welche der Führungswechsler keinen direkten Einfluss durch seine Autorität oder Stellung im Organigramm hat. Der Wechsler weiß jedoch, dass er früher oder später diese Person benötigen wird, um Ziele zu realisieren. Solche

---

[136] Hofbauer & Kauer, Einstieg in die Führungsrolle4 (2012) 116f
[137] Watkins, Die entscheidenden 90 Tage (2007) 171

Beziehungen basieren stark auf ‚Geben und Nehmen' und funktionieren langfristig nur, wenn beide Parteien gewillt sind, einen Beitrag zur Beziehung zu leisten. Vor allem ‚Seiteneinsteiger' sind hier oft ahnungslos, wie sie einem Kollegen auf gleicher Hierarchieebene begegnen sollen. Wenn Schlüsselpersonen der Organisation ausfindig gemacht wurden, dann sollte der Wechsler für sich entscheiden, ob es sich um einen Unterstützer, einen Gegenspieler oder einen Unentschlossenen handelt. Gegenspieler könnten beispielsweise ein heimlicher Mitbewerber um die Position des Wechslers gewesen sein oder im Falle eines ‚Aufsteigers' ein neidischer Kollege. In jedem Fall sind Gefühle im Spiel, welche vom Wechsler aktiv durch Einzelgespräche angegangen werden müssen.[138] Beziehungen sind wandlungs- und vor allem entwicklungsfähig. Unter diesem Gesichtspunkt sollte ein Wechsler niemals aufgeben, an einer schlechten Beziehung zu arbeiten. Gleichzeitig sollte sich der Wechsler Zeit nehmen, um sein Netzwerk zu vervollständigen oder um neu hinzugekommene Schlüsselpersonen zu ergänzen, denn auch ein Beziehungsnetzwerk will am aktuellen Stand gehalten werden.

2.8.3 Ausgangssituation

Den dritten Baustein, den ein erfolgreicher Wechsler laut Fischer beachten soll, stellt die Analyse der Ausgangssituation dar. Fischer schlägt fünf Bereiche vor, um dem Wechsler damit eine Art roten Faden für die

---

[138] Watkins, Die entscheidenden 90 Tage (2007) 173f

Standortbestimmung zu geben. Die Bereiche sind nichts anderes als unterschiedliche Sichtweisen, sogenannte Views, welche dem Wechsler helfen, komplizierte Zusammenhänge auf diese Art und Weise in hoher Detailliertheit erfassen zu können. *Views modellieren die Situation aus unterschiedlichen Perspektiven und sorgen dafür, wenn diese gut gewählt sind, dass Sie ein möglichst scharfes Bild der Situation gewinnen.*[139] Durch die Vorgabe von Sichtweisen will Fischer verhindern, dass sich ein Wechsler bei seiner Analyse einseitig verhält oder gewisse Bereiche einfach ganz übersehen oder außer Acht gelassen werden.[140]

Die fünf Sichtweisen nach Fischer lauten:
- Unternehmenskultur
- Themen
- Fakten
- Innovationspotenzial
- Ressourcen

Erfolgreiche Führungswechsler saugen die Unternehmenskultur in sich auf und achten dabei auf Umgangsformen und Sprache zwischen den Mitarbeitern, Regeln und Normen, nach denen im Unternehmen gehandelt wird, Gebräuche und Gepflogenheiten, Machtverhältnisse sowie Werte und Grundüberzeugungen. *So formt sich langsam aber sicher*

---

[139] Fischer, Neu auf dem Chefsessel[7] (2002) 53
[140] Doppler & Lauterburg, Change Management. Den Unternehmenswandel gestalten[12] (2008) 171f

ein erstes Bild über die neue Organisation[141]. Mit der Zeit werden sich Unterschiede zwischen dem offiziellen Organigramm und der informellen Struktur herauskristallisieren. Die ‚soziale Architektur der Organisation' wird zu Beginn lediglich in Umrissen im Kopf des Wechslers existieren und sich nach und nach vervollständigen. Beim Prozess der Unternehmenskulturanalyse geht es darum, die Unterschiede zwischen Selbstverständnissen der Hochglanzbroschüren und gelebter Realität herauszuarbeiten.[142]

Als nächste Sichtweise regt Fischer an, sich mit den Themen der Organisation auseinanderzusetzen. Hierbei können dem Wechsler, ähnlich der Erwartungsklärung, verschiedene Personengruppen behilflich sein. Der Wechsler sollte sich mit möglichst vielen Mitarbeitern, Kollegen, Vorgesetzten und Kunden unterhalten, um sich so einen Überblick über die gängigen Probleme zu verschaffen. Durch Gespräche mit verschiedenen Hierarchieebenen gewinnen die verschiedenen Themen an Farbe und der Wechsler erhält so ein besseres Bild. Entscheidend für den Erfolg ist zu hinterfragen, wie lange die jeweiligen Themen denn bereits solche sind, weshalb sie immer noch ungelöst sind und was bisher unternommen wurde, um sie zu lösen. Sogenannte Dauerthemen sind nicht unlösbar, aber es dauert länger, bedarf erheblicher Anstrengungen und kann meist nur durch abteilungsübergreifende Bemühungen aus der Welt

---

[141] Fischer, Neu auf dem Chefsessel⁷ (2002) 53
[142] Fischer, Neu auf dem Chefsessel⁷ (2002) 51ff

geschaffen werden. Identifiziert der Wechsler die Dauerthemen, dann liegt es an ihm, diese aufzugreifen und sich daran zu versuchen oder nicht.[143]

Als dritte Sichtweise soll sich der Wechsler Fakten besorgen, diese beleuchten und in weiterer Folge bewerten. Der Wechsler soll darauf achten, nicht Sachverhalte mit Fakten zu verwechseln, denn ein Sachverhalt beschreibt einen Fakt lediglich basierend auf der Aussage einer Person und nicht mit Zahlen und Daten. In der Gegenwart ist ein Unternehmen ohne Fakten oder sogenannter ‚Real-time data', also Jetzt-Zeit-Daten, blind und damit nahezu handlungsunfähig. Je größer die Organisation, desto wichtiger sind aktuelle Daten und Fakten. Firmen wie Coca-Cola beschäftigen ganze Abteilungen damit, Daten zu sammeln, sie in Zusammenhang zu bringen und so Fakten zu gewinnen, welche wiederum die zukünftigen Handlungen und Entscheidungen beeinflussen.[144] Fakten an der Hand zu haben ist wie in einem dunklen Zimmer das Licht einzuschalten. Frau Gates M. bringt es in einer Ansprache zur Förderung ihrer Foundation mit dem Satz ‚*Real-time data turns on the light*'[145] auf den Punkt (vgl. Video auf youtube.com).[146]

---

[143] Fischer, Neu auf dem Chefsessel[7] (2002) 59f
[144] Doppler & Lauterburg, Change Management. Den Unternehmenswandel gestalten[12] (2008) 171f
[145] Beitrag auf youtube.com, Melinda French Gates: What nonprofits can learn from Coca-Cola, link: http://www.youtube.com/watch?v=GlUS6KE67Vs, 24.11.2012, Minute 4:05 – 4:08
[146] Fischer, Neu auf dem Chefsessel[7] (2002) 62

Als nächste wichtige Perspektive sieht Fischer das Innovationspotenzial. Um als Unternehmen erfolgreich zu sein, muss es sich der Schnelllebigkeit der Wirtschaft und des Marktes anpassen. Der Prozess des Anpassens ist mit Veränderung gleichzusetzen – dem sogenannten Change(Veränderungs-)-Management. Jede Person, Team oder Organisation als Ganzes reagiert anders auf Veränderung. Wenn Fischer den Wechsler darauf hinweist, das Innovationspotenzial zu analysieren, dann ermutigt er diesen, sein Umfeld in Bezug auf Veränderungen zu untersuchen. Veränderungen können schnell oder schleichend durchgeführt werden. Die Welle der Veränderung kann hoch sein oder kaum spürbar. Die Quelle der Veränderung kann vom Vorgesetzten kommen oder vom Mitarbeiter. Wie reagiert das Management, wenn Mitarbeiter Innovationen anregen und umgekehrt? Fischer will vom Wechsler, dass er sich diese Dimensionen der Veränderung vor Augen führt und analysiert, wie die Organisation mit Innovationen in der Vergangenheit umgegangen ist. Daraus kann die neue Führungskraft steuern, in welchem Tempo und in welcher Tiefe zukünftig Veränderungen einzuleiten sind, damit sie angenommen und erfolgreich umgesetzt werden. Die Analyse soll ebenso das unterstellte Team in Bezug auf Innovationen mit einbeziehen. Welche Typen befinden sich bereits im Team? Kantor unterscheidet beispielsweise den ‚Mover' (Beweger), den ‚Follower' (Folgenden), den ‚Opposer' (Gegenspieler) und den ‚Bystander' (Beobachter). In erfolgreichen Teams braucht es mindestens jeweils einen der oben genannten Typen.[147]

Als letzte Facette des dritten Bausteines bittet Fischer den Wechsler, die zur Verfügung stehenden Ressourcen zu analysieren. Nachdem der Wechsler nun die Unternehmenskultur und die Themen analysiert, sich mit den Fakten auseinandergesetzt und ein Gefühl dafür hat, wie die Organisation auf Veränderungen reagiert, muss er noch wissen, welche Mittel ihm zur Verfügung stehen. Der Führungswechsler muss sich über die ihm unterstellten Mitarbeiter und deren Stärken ein Bild machen. Laut Fischer *wird der Wechsler in seiner neuen Führungsposition nicht erfolgreich sein, wenn er die Stärken seiner Mitarbeiter nicht kennt.*[148] Die Führungskraft sollte dem Mitarbeiter dabei behilflich sein, eigene Stärken und damit Ressourcen zu entdecken. Oft sind sich Mitarbeiter ihrer Stärken nicht bewusst und Führungskräfte eher darauf verbissen, Schwächen zu entdecken und diese auszubügeln, anstatt Stärken von Mitarbeitern zu fördern oder überhaupt erste einmal zu erkennen.[149]

2.8.4 Zielelandschaft

Wer das Ziel nicht kennt, der braucht den Weg danach erst gar nicht zu suchen.[150] Konkrete Zielvorgaben sind

---

[147] Höfler & Bodingbauer & Dolleschall & Schwarenthorer, Abenteuer Change Management² (2011) 45
[148] Fischer, Neu auf dem Chefsessel⁷ (2002) 68
[149] Fischer, Neu auf dem Chefsessel⁷ (2002) 68ff
[150] Niermeyer, Teams führen² (2008) 54

nicht nur für den Führungswechsler von entscheidender Bedeutung. Auch sein Team will erfahren, welche Themen für den neuen Chef wichtig sind und wo er Veränderungen für nötig erachtet, um weiter oder noch erfolgreicher zu sein.[151] Der Wechsler hat zu Beginn meist mit einer Art abwartender Haltung seiner Mitarbeiter zu kämpfen. Sie müssen den Neuen erst testen und mehr über ihn erfahren, bevor sie sich auf ihn einlassen. Besonders bei internationalen Wechsel oder im Rahmen eines High-Potential-Programmes bringen die Mitarbeiter dem Neuen aus der Zentrale große Skepsis entgegen, da sie nicht wissen, wie lange er bleibt, ob es sich rentiert, sich einzulassen, oder ob er sie lediglich als weiteres Trittbrett auf seiner Karriereleiter verwenden will. Der Expatriate sollte diesen Vorurteilen entgegenwirken und dem Team schnell klar machen, dass er sich für die langfristigen Bedürfnisse seiner Mitarbeiter interessiert und einsetzen wird. Gerade diese langfristigen Interessen des lokalen Teams sind es, die er beim Erstellen der Zielelandschaft keinesfalls außer Acht lassen darf.

Die Zielelandschaft ist ein Balanceakt zwischen Stabilität und Veränderung. Fischer empfiehlt ein Verhältnis von mindestens einem Stabilitätsziel auf drei Veränderungsziele. Jene Führungskraft, welche die beste Mischung aus notwendigen, sachlichen Veränderungen, Stabilitätszielen und Ziele zur Teamentwicklung modelliert, wird seine Mitarbeiter am meisten motivieren.

---

[151] Doppler & Lauterburg, Change Management. Den Unternehmenswandel gestalten[12] (2008) 169f

Wählt der Führungswechsler die SMART-PURE-CLEAR-Methode (vgl. Abbildung 11) zur Zielvereinbarung, so wird er die meisten Fehler bereits im Stadium der Zielformulierung vermeiden.[152]

Zielformulierung: SMART – PURE – CLEAR	
S	pezific (spezifisch)
M	easurable (messbar)
A	ttainable (erreichbar)
R	ealistic (realistisch)
T	ime phased (zeitlich untergliedert)
P	ositively stated (positiv formuliert)
U	nderstood (verstanden)
R	elevant (relevant)
E	thical (moralisch)
C	hallenging (herausfordernd)
L	egal (legal)
E	nvironmental sound (umweltverträglich)
A	greed (akzeptiert)
R	ecorded (protokolliert)

Abbildung 11: Zielformulierung nach SMART-PURE-CLEAR[153]

Um das Innovationspotenzial seiner Mitarbeiter nicht überzustrapazieren, soll die Anzahl der Ziele dementsprechend gewählt werden. *Als Faustregel kann gelten: Eine Anzahl von fünf bis sieben Zielen bzw. Teilzielen ist groß genug, um ein Team nicht zu überfordern, es andererseits aber genügend*

---

[152] Daigeler & Hölzl & Raslan, Führungstechniken² (2012) 211ff
[153] Niermeyer, Teams Führen² (2008) 67

auszulasten.[154] Bei aller Teamorientiertheit darf jedoch die Individualität des einzelnen Mitarbeiters nicht verloren gehen. Fischer betont, wie wichtig es für die neue Führungskraft ist, bereits Erreichtes zu respektieren und nicht auf Anhieb zu diskreditieren. Das Selbstbewusstsein jedes einzelnen Teammitglieds würde darunter leiden.[155]

Die neue Führungskraft soll sich genügend Zeit für die Analyse der Ausgangssituation nehmen, um die richtigen und zentralen Themen zur Zielsetzung auszuwählen sowie um die Einstellung der Mitarbeiter in Bezug auf Veränderungen zu erfragen. Wählt er periphere Themen mit den falschen Prioritäten, würde seine Glaubwürdigkeit leiden und das Team nicht geschlossen mit ihm an die Umsetzung herangehen. Gelingt es der Führungskraft, dass der Mitarbeiter sich die Frage der Sinnhaftigkeit der Ziele selbst beantworten kann, dann kann er mit dem vollen Einsatz des Mitarbeiters rechnen. Kann die Führungskraft seine Mitarbeiter auch noch mit Stolz erfüllen, dann hat er alle Mischungskriterien für eine optimale Zielelandschaft perfekt eingesetzt.[156] Der Mitarbeiter wird mit einer von innen kommenden, der sogenannten intrinsischen Motivation angetrieben und dadurch noch stärker an die Ziele gebunden.[157]

---

[154] Niermeyer, Teams Führen² (2008) 59
[155] Niermeyer, Teams Führen² (2008) 54ff
[156] Fischer, Neu auf dem Chefsessel⁷ (2002) 75ff
[157] Sprenger, Vertrauen führt (2002) 46

2.8.5 Veränderungsklima

Der fünfte Baustein beschäftigt sich mit dem Schaffen sowie Fördern der nötigen Basis, um Veränderungen umzusetzen. Fischer schiebt diesen Baustein bildlich gesprochen zwischen ‚Ziele formulieren' und ‚Veränderungen starten'. Damit untermauert er, wie wichtig es ist, die geistige Haltung der Mitarbeiter auf ‚Veränderung' einzustimmen. *Kaum jemand verändert sich gerne, die meisten wollen, dass es so bleibt, wie es ist. Wirksame Veränderungen erfordern auftauen, aufwärmen und startklar machen, bevor es losgeht. Es geht darum, Kopf und Bauch für den Wandel bereitzumachen.*[158]

Um Mitarbeiter auf Veränderung im Allgemeinen vorzubereiten, muss die Führungskraft die Lust auf Neues in jedem Teammitglied wecken. ‚Neues' wird von vielen Menschen gleichgesetzt mit ‚Unbekanntem'. Die natürliche Reaktion des Menschen auf ‚Unbekanntes' ist die Angst. Da Angst im Übermaß hemmend oder gar lähmend wirkt, aber in dosiertem Maße anregt, ist es die Aufgabe der Führungskraft, im Mitarbeiter den nötigen Mut und das Vertrauen in die eigenen Stärken aufzubauen. Durch reflektiertes Fragen nach Stärken und dem Positiven der Vergangenheit weckt der Führungswechsler das Vertrauen jedes Mitarbeiters in sich selbst. Der Wechsler wandelt die Angst in Selbstvertrauen um. Gelingt ihm das, entwickelt sein Team einen ‚Entdecker-Geist', der von Mut geprägt ist und ‚Veränderung' als neue, reizvolle Herausforderung annehmen lässt.[159]

---

[158] Höfler & Bodingbauer & Dolleschall & Schwarenthorer, Abenteuer Change Management² (2011) 23
[159] Fischer, Neu auf dem Chefsessel⁷ (2002) 93ff

Veränderung braucht Vertrauen der Mitarbeiter in die eigenen Stärken und andererseits muss die neue Führungskraft ihrerseits den nötigen Vertrauensvorschuss gewähren. Wie wichtig die Vertrauensbasis zwischen Chef und Mitarbeiter ist, hat Robert Levering 1988 anhand einer Meinungsumfrage bei amerikanischen Arbeitnehmern mit dem Titel: „The 100 Best Companies to Work for in America" festgestellt. Dabei hat er den „Levering Trust Index" zur ‚Messung' von Vertrauen erfunden.[160]

Hat die Führungskraft dem Mitarbeiter einmal das nötige Vertrauen und Selbstvertrauen geschenkt, dann ist es Zeit, einen Schritt weiter zu gehen. Die Führungskraft und sein Team sollten sich in Selbstreflexion üben, um das eigene Denken und Handeln kritisch zu hinterfragen, Prozesse aus der Sicht des Kunden zu durchleben und dadurch emotionale Betroffenheit bei den Mitarbeitern zu schaffen.[161]

Durch das Bewusstwerden der eigenen Stärken, das Vertrauen der Führungskraft in diese Stärken sowie das Erarbeiten gemeinsamer Wirklichkeiten durch Selbstreflexion und Kundenorientierung sollte das Verständnis für Veränderungen im Kopf der Mitarbeiter vorhanden sein.

2.8.6 Veränderungen initiieren

Der sechste Baustein ‚Veränderungen initiieren' setzt Baustein fünf ‚Veränderungsklima schaffen' voraus und baut unmittelbar darauf auf. Veränderungen zu starten,

---

[160] Sprenger, Vertrauen führt (2002) 47
[161] Höfler & Bodingbauer & Dolleschall & Schwarenthorer, Abenteuer Change Management² (2011) 25ff

bedarf eines klaren ‚Startschusses'. Ähnlich einem ‚Kick-off-Meeting' zum Projektstart soll es die betroffenen Mitarbeiter sowohl sachlich als auch emotional berühren und ansprechen. Der Anfang soll in einem besonderen Rahmen stattfinden, um später positive Assoziationen und Erinnerungen an den Start hervorzurufen. Je erlebnisintensiver der Start ist, desto eher wird dies erreicht. Wichtig ist, dass während des ‚Start-off-Meetings' sofort die ersten Maßnahmen verkündet werden und auf die unmittelbare Umsetzung selbiger geachtet wird, da anderenfalls der Schwung des Starts zu verpuffen droht. Bereits die erste Phase nach dem Start steht stellvertretend für die Ernsthaftigkeit des Veränderungswillens. Die Konsequenz, mit der von Beginn an der Änderung von Prozessen, welche sich über Jahre hinweg eingeschliffen haben, gearbeitet wird, ist entscheidend für den Erfolg und die erfolgreiche Änderung. Die gesamte Zeit des Veränderungsprozesses über ist es wichtig, sich auf wenige Schwerpunkte zu konzentrieren und den Mitarbeitern die Chance zu geben, Teilziele zu erreichen. Das Erreichen von Teilzielen stärkt das Vertrauen der Mitarbeiter in die Veränderung, motiviert und lässt sie positiv gestimmt dem nächsten Teilziel entgegenstreben. Die Amerikaner nennen die Vorgehensweise „Small wins and large gains".[162]
Die Kommunikation des Projektstatus sowie des Erreichens von Teilzielen innerhalb der Projektgruppe sowie Unternehmensweit stellen ebenfalls einen wichtigen

---

[162] Fischer, Neu auf dem Chefsessel[7] (2002) 108ff

Teil des gesamten Veränderungsprozesses dar und darf nicht vernachlässigt bzw. unterschätzt werden.

Der Führungswechsler muss sich bewusst sein, dass jede Veränderung an sich einen ähnlichen Verlauf aufweist. Nach der Phase der Orientierung und Analyse der Ausgangssituation werden aufgrund von Mitarbeitergesprächen Themen entwickelt und priorisiert. Ein Konzept zur nötigen Veränderung entsteht, das nötige Bewusstsein und Klima wird bei den Mitarbeitern geschaffen und wenn alle Zeichen auf Grün stehen, dann wird mit dem ‚Start-up-Meeting' der Startschuss zum Veränderungsprozess gegeben.[163] Fischer verdeutlicht diesen ‚Mikrozyklus' einer Veränderung in zwei ineinander verlaufenden Kurven (siehe Abbildung 12). Eine davon stellt die Orientierungsphase dar und die zweite Kurve die Veränderungsphase.

Diese Abbildung zeigt den Verlauf einer Veränderung an sich sowie den damit einhergehenden zeitlichen Rahmen. Sie gibt jedoch wenig Aufschluss darüber, wann der beste Zeitpunkt ist, um als Führungswechsler mit Veränderung(en) zu beginnen.

---

[163] Watkins, Die entscheidenden 90 Tage (2007) 85

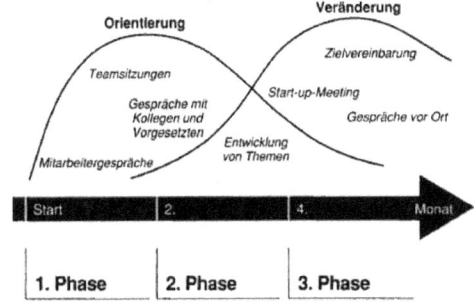

Abbildung 12: Zyklus der Veränderung[164]

Michael Watkins bezieht sich in seinem Werk ‚Die entscheidenden 90 Tage' auf einen Kollegen namens Jack Gabarro. Dieser hat in seinem Werk ‚The dynamics of taking charge' (1987) Ergebnisse von Befragungen dokumentiert, wonach Führungskräfte, unabhängig von der Branche, Veränderungen meist in drei Wellen ausführen.

---

[164] Fischer, Neu auf dem Chefsessel[7] (2002) 105

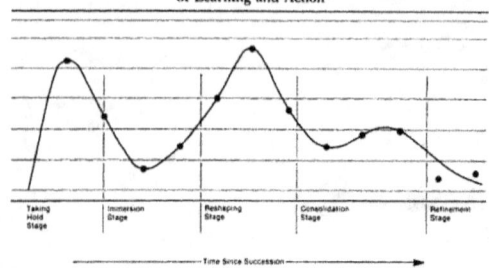

Abbildung 13: Wellen der Veränderung (nach Gabarro)[165]

Gabarros Untersuchungen zeigen, dass die zweite Welle der Veränderung jene mit den größten Auswirkungen ist. Die dritte Welle ist am flachsten, da nur mehr geringfügige Anpassungen vorgenommen werden.

Watkins hat diese Tabelle für sein Buch überarbeitet und sowohl die Phasen mit Überbegriffen versehen als auch die Zeitlinie etwas detaillierter ausgeführt.

---

[165] Gabarro, The dynamics of taking charge (1987) 20

Waves of Change

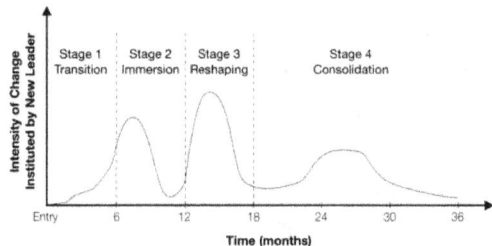

Abbildung 14: Wellen der Veränderung (nach Watkins)[166]

Der Zeitpunkt, um mit Veränderungen zu starten, ist denkbar kritisch und hängt von einigen Faktoren ab. Einerseits spielt die Rekrutierungsart eine große Rolle. Insider/Aufsteiger beginnen erfahrungsgemäß zu früh mit Änderungen, da sie meist ein fertiges Konzept mitbringen, bereits über ein gutes Beziehungsnetzwerk verfügen, jedoch oft den Fehler begehen, sich schlecht über die Ausgangssituation zu informieren. Seiteneinsteiger hingegen tendieren eher dazu, zu spät mit Veränderungen zu beginnen, da der Aufbau eines mächtigen Beziehungsnetzwerkes und die Orientierungsphase länger dauern als angenommen.[167]

Natürlich hat ebenso der Umfang der Veränderung Auswirkungen auf den richtigen Zeitpunkt. Je weitreichender bzw. je mehr Abteilungen von der Änderung betroffen sind, desto länger werden die Vorbereitung und das Gewinnen von Schlüsselpersonen

---

[166] Watkins, Die entscheidenden 90 Tage (2007) 85 (englische Version)
[167] Fischer, Neu auf dem Chefsessel⁷ (2002) 112ff

dauern. Auch die Anzahl der Jahre, in denen sich ein Prozess eingeschliffen hat, ist entscheidend. Je älter ein Prozess ist, umso schwieriger wird es sein, die klimatischen Voraussetzungen unter den Mitarbeitern zu schaffen. Nicht zu vernachlässigen ist die mentale Einstellung der Mitarbeiter zu Veränderungen. Je größer der Wiederstand, umso mehr Gespräche, Workshops und andere vorbereitende Maßnahmen müssen unternommen werden, um eine gemeinsame Sicht der Dinge zu entwickeln sowie die nötige emotionale Bindung zum Problem herzustellen. Auch von der Führungskraft selbst hängt der Zeitpunkt für den Start von Veränderungen ab. Jede Führungskraft hat ihre individuelle Managementkapazität und davon hängt ab, wie viele Projekte gleichzeitig überwacht werden können, ohne dass es zu Überforderung kommt. In Abhängigkeit von obigen Faktoren spricht man erfahrungsgemäß von einem Zeitrahmen von zwei bis vier Monaten, in denen mit Veränderungen begonnen werden soll.[168]

Die 100-Tage-Linie gilt in Bezug auf Veränderungen in jedem Fall als Richtwert. Sollte aus verschiedenen Gründen dieser Richtwert massiv überschritten werden, ergeben sich daraus vier Nachteile. Erstens die Erwartungen der Mitarbeiter an die neue Führungskraft steigen und daraus ergibt sich zusätzlicher Druck. Zweitens verpufft der Anfangsdrive, da die Spannung bei den Mitarbeitern lediglich für einen Zeitraum von drei bis vier Monaten aufrechterhalten werden kann. Drittens verliert die neue Führungskraft die Akzeptanz der

---

[168] Fischer, Neu auf dem Chefsessel[7] (2002) 112

Mitarbeiter, um kritische Fragen zu stellen und damit Innovationspotenzial zu wecken. Viertens stellt sich unwillkürlich Betriebsblindheit ein und der Blick für Veränderung wird getrübt, bis er schließlich komplett verloren geht.[169]

2.8.7 Symbole und Rituale

Als siebten und damit letzten Baustein nimmt sich Fischer der Bedeutung von Symbolen und Rituale im Zusammenhang mit dem Führungswechsel an. *Symbole haben die faszinierende Eigenschaft, auf eine viel umfassendere, weil emotionale Art und Weise den Menschen anzusprechen.*[170] Diese Faszination sollten sich Führungswechsler zunutze machen, um Grundwerte zu vermitteln, Übergänge zu gestalten oder um Veränderungen einzuleiten. Die Kunst, durch Symbole zu sprechen und deren Macht auszunutzen, nennt man im Englischen ‚Symbolic Language'. Dabei werden die Emotionen von Mitarbeiter auf drei verschiedenen Ebenen angesprochen. Die drei Ebenen in Anlehnung an Rosenstiel (1992) sind Kommunikation (z.B. Grundsätze), Handlungen (z.B. Konferenzen) oder Objekte (z.B. Statussymbole). Die Abbildung 15 aus Weibler, Personalführung (2012) zeigt die drei Ebenen und mehrere Beispiele je Ebene.

---

[169] Fischer, Neu auf dem Chefsessel[7] (2002) 114
[170] Fischer, Neu auf dem Chefsessel[7] (2002) 127

Symbole	
Ebene	Beispiele
Kommunikation	Mythen Slogans Witze Sprachregelungen Grundsätze
Handlung	Rituale Feiern Vorstandsbesuche Konferenzen Beschwerden Tabus
Objekte	Statussymbole Logos Plakate Organisationsstruktur Systeme (z.B. Beurteilung)

Abbildung 15: Arten von Symbolen[171]

Das Wort ‚Symbol' stammt aus dem Griechischen und dessen ursprüngliche Bedeutung lautet ‚Etwas Zusammengefügtes' und verdeutlicht, dass es nicht um den (zerbrochenen) Gegenstand selbst, sondern um die damit verbundenen Emotionen geht. Man spricht in diesem Zusammenhang von ‚Überschussbedeutung' von Dingen, Taten und Gesten.[172]
Das sogenannte ‚Symbolic Management' setzt die Überschussbedeutung von Symbole und deren unterschwellige Botschaft geschickt ein, sachliche Inhalte zu untermauern. Die Abbildung 16 veranschaulicht, dass ‚Symbolische Führung' sich der Führung als Symbol, aber

---

[171] Weibler, Personalführung² (2012) 415
[172] Weibler, Personalführung² (2012) 416

auch Symbole selbst als intensives Führungsinstrument bedient. Besonders bei Führungswechseln kommt der Symbolischen Führung große Bedeutung zu. Durch geschickte sowie konsequente Kombination von Symbolen und Ritualen zu einer Botschaft können die Skepsis sowie der Widerstand der Mitarbeiter reduziert werden. Gerade zu Beginn eines Führungswechsels wird jeder Handlung des neuen Chefs noch mehr Aufmerksamkeit geschenkt. Durch das Setzen von Symbolen kann unter anderem schnell die Glaubwürdigkeit erhöht werden.

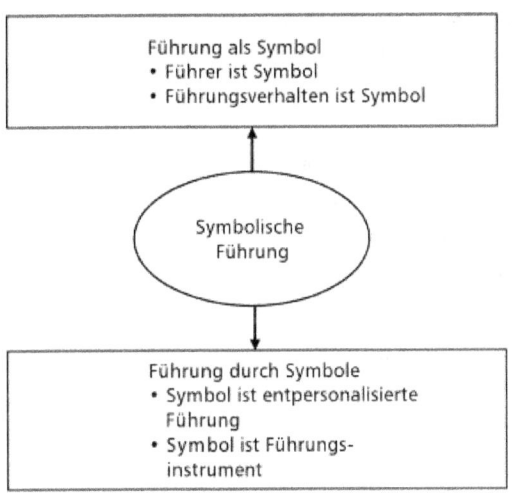

Abbildung 16: Symbolische Führung[173]

---

[173] Weibler, Personalführung² (2012) 416

Führungswechsler sollten die Macht der Symbolischen Führung besonnen einsetzen. Einerseits gilt es darauf zu achten, dass Symbole z.B. des Vorgängers nicht zu voreilig durch neue ersetzt werden, um dem Vorgänger damit noch die nötige Ehre und Respekt zu erweisen. Andererseits wird die Wirkung von Symbolen lediglich dann als Faszination von den Mitarbeitern empfunden, wenn sich die Taten und Handlungen der neuen Führungskraft mit ihnen decken. Die Widerspruchsrate sollte so gering wie nur möglich gehalten werden.[174]

2.9 Kultur

Bei der Auslandsentsendung ist der Expatriate nicht nur einer neuen Unternehmenskultur ausgesetzt, sondern ebenso der jeweiligen Landeskultur.[175]
Noch in den 70er-Jahren waren Konzerne der Meinung, aufgrund der Globalisierung Arbeitskräfte ohne weitere Vorbereitung in andere Länder entsenden zu können.[176] Seither hat sich die Meinung dazu grundlegend geändert und den unterschiedlichen Kulturen mit ihren verschiedenen Ausprägungen wird große Bedeutung beigemessen.[177]
Heute ist unbestritten, dass die Vorbereitung auf die Landeskultur, das Kennenlernen, Verstehen und Auseinandersetzen des Kulturmusters des jeweiligen

---

[174] Fischer, Neu auf dem Chefsessel[7] (2002) 123ff
[175] Schreyögg, Coaching für die neu ernannte Führungskraft[2] (2010)185
[176] Fischer, Neu auf dem Chefsessel[7] (2002) 182
[177] Rupprecht, Expatriate Management: Sprachliche und interkulturelle Vorbereitung auf den Auslandseinsatz (2007) 37

Entsendungslandes ein essenzieller Teil der Adaptionsphase ist. Sofort nach seiner Ankunft wird er nach diesen Unterschieden suchen, sie finden und da sie für ihn nichts Unbekanntes darstellen, wird er ihnen positiv gegenüberstehen und sich damit die Phase der Eingewöhnung stark verkürzen.

Sehr oft werden die kulturellen Unterschiede sowohl vom Führungswechsler selbst als auch vom Stammhaus unterschätzt. Eine sorgfältige und ganzheitliche Vorbereitung, bei der Wert auf Bildung von interkulturellen Fähigkeiten gelegt wird, kommt meist zu kurz oder wird schlicht übergangen. Die Vernachlässigung der kulturellen Komponente verlangsamt die Adaption der neuen Kultur und steht daher in Widerspruch mit einem schnellen Start des Wechslers.[178]

2.9.1 Herausforderungen

Auf den Expatriate wartet eine Vielzahl von Herausforderungen, denen er sich erfolgreich stellen muss. Ohne Einweisung auf kulturelle Unterschiede wird der Wechsler viel Zeit benötigen, um das Hierarchieverständnis sowie die damit einhergehenden Unterschiede im Führungsstil zu durchschauen. Während dieser Zeit wird er möglicherweise von Sprachproblemen begleitet, welche ihm beim Lösen dieses Rollenkonfliktes nicht hilfreich sein werden.[179] Undurchschaubare Netzwerke werden ihm das Identifizieren von Schlüsselpersonen schwer machen und der Aufbau von

---

[178] Doppler & Lauterburg, Change Management. Den Unternehmenswandel gestalten[12] (2008) 58
[179] Fischer, Neu auf dem Chefsessel[7] (2002) 180

Beziehungen wird aufgrund der Sprachprobleme noch schwieriger als in der Muttersprache. Zu den beruflichen Herausforderungen treten meist nach etwa drei Monaten überdies die ersten privaten Konflikte, die es zu meistern gilt.[180] Die private Eskalation tritt meist genau dann ein, wenn sich die ersten 100 Tage dem Ende neigen und der berufliche Druck sich dem ersten Höhepunkt nähert.[181]

2.9.2 Fallstricke

Aus den oben beschriebenen Herausforderungen lassen sich nun vier Gruppen von möglichen Fallstricken bilden.

- a) Die Erwartungsklärung bzw. Auftragsklärung ist ein zentrales Kriterium, das erfüllt sein muss, um dem Führungswechsler eine reelle Erfolgschance zu ermöglichen.[182]
- b) Als Teil der Erwartungsklärung muss allen Betroffenen klar sein, dass etwa sechs Monate für die Orientierungsphase nötig sein werden.[183]
- c) Kulturelle Unterschiede sind unbestritten und um einen schnellen Start nicht zu bremsen, ist ein Programm notwendig, das den Expatriate auf die kulturelle Adaption bestmöglich vorbereitet.
- d) Der privaten Lebenssituation, der sogenannten ‚Work-Life-Balance', müssen größte Aufmerksamkeit sowie eine hohe Priorität

---

[180] Fischer, Neu auf dem Chefsessel⁷ (2002) 180
[181] Schreyögg, Coaching für die neu ernannte Führungskraft² (2010)185
[182] Fischer, Neu auf dem Chefsessel⁷ (2002) 180
[183] Fischer, Neu auf dem Chefsessel⁷ (2002) 182

geschenkt werden, denn Auslandseinsätze scheitern hauptsächlich aufgrund von Familie bzw. Partner, da diese der Anpassungslast nicht minder ausgesetzt sind.[184][185]

2.9.3 Kulturcluster

In der kulturvergleichenden Forschung gab es über die letzten Jahrzehnte eine Vielzahl von verschiedenen empirischen Untersuchungen, welche zu immer ausgeklügelteren Kultur-Modellen führten (siehe dazu Abb. 15).

Common themes	Culture models					
	Kluckhohn and Strodtbeck	Hofstede	Hall	Trompenaars	Schwartz	GLOBE
Power distribution		1		1	1	2
Social relationships	1	1		1	1	2
Environmental relationships	2		1	1	1	3
Time/work patterns	1		1	1		1
Uncertainty and social control	1	1		1		1
Other (see text)				1	2	

Note: Numbers indicate the number of cultural dimensions from the various models that fit within each theme.

Abbildung 17: Übersicht Kultur-Modelle[186]

Kulturmodelle dienen zur besseren Vergleichbarkeit der unterschiedlichen Kulturen, indem die fünf universellen

---

[184] Scherm, Internationales Personalmanagement² (1999) 177f

[185] Schreyögg, Coaching für die neu ernannte Führungskraft² (2010)185f

[186] Steers & Sanchez-Runde & Nardon, Management Across Cultures: Challenges and Strategies (2010) 418

„*Grundprobleme*"[187] aus der Vielzahl der Kulturen definiert werden:
- a) der Umgang mit sozialer Ungleichheit,
- b) der Umgang mit Stress ob der ungewissen Zukunft,
- c) die Integration des Individuums in Gruppen,
- d) die Aufteilung der Rollen zwischen den Geschlechtern,
- e) die Zeitorientierung, Zeitausrichtung und Planung bei Anstrengungen.[188]

Durch die Zusammenfassung von Kulturen in sogenannte Cluster wird Unternehmen die Möglichkeit gegeben, Kulturtrainings kosteneffizient zu bündeln und sich inhaltlich auf die „Grundprobleme" der folgenden fünf Kulturdimensionen zu konzentrieren:

- a) <u>Machtdistanz</u>: Diese Kulturdimension betrachtet den Grad zwischen autokratischem und demokratischem Handeln und wie sehr die Mitarbeiter in die Entscheidungsfindung integriert werden.[189]
- b) <u>Individualität vs. Kollektivität</u>: Dieses Muster behandelt die Frage, ob in der jeweiligen Kultur

---

[187] Hofstede, Culture's Consequences: Comparing Values, Behaviors, Institutions and Organizations Across Nations² (2001) 29

[188] Hofstede, Culture's Consequences: Comparing Values, Behaviors, Institutions and Organizations Across Nations² (2001) 29

[189] Schreyögg, Coaching für die neu ernannte Führungskraft² (2010) 186

die Leistung des Einzelnen oder jene der Gruppe höher bewertet wird bzw. mehr zählt.

c) <u>Männlich vs. weiblich</u>: Hier wird untersucht, ob eine Kultur eher männliche Kulturmerkmale zeigt wie beispielsweise Extraversion und Leistungsorientierung oder weibliche Ausprägungen wie Introversion und Familien-Orientierung.

d) <u>Unsicherheits- vs. Intoleranz</u>: Dieses Handlungsmuster legt den Umgang mit Pünktlichkeit und Formalisierung im Sinne einer Vermeidung von Unsicherheiten fest.

e) <u>Zeitlichkeit</u>: Die Zeitlichkeit einer Kultur zeigt, ob die Kultur einen lang- oder kurzfristigen Zeithorizont lebt.

Hofstede beschreibt die verschiedenen Ausprägungen, welche eine Kultur ausmachen als Schichten oder Ebenen anhand der sogenannten ‚Kulturzwiebel' (siehe Abbildung 18). Er unterscheidet dabei grundlegend in Werte (Values) und Praktiken (Practices) wobei er Praktiken abermals in Rituale (Rituals), Helden (Heroes) und Symbole (Symbols) unterteilt.[190]

---

[190] Hofstede, Culture's Consequences: Comparing Values, Behaviors, Institutions and Organizations Across Nations[2] (2001) 8f

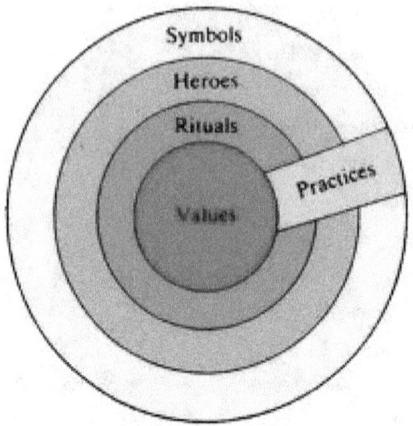

Abbildung 18: Kulturzwiebel (nach Hofstede)[191]

Die Summe aus allen Kulturmustern ergibt ein stereotypes Bild der Kultur und als solches sollte es ebenso mit Vorsicht behandelt werden. Jede Kultur verfügt über Deutungs- und Handlungsmuster jedoch in ganz unterschiedlich starken Ausprägungen. Analysiert der Expatriate diese Muster für die Kultur, in der er die nächsten Jahre leben wird, so wird es ihm helfen, sich ein objektives Bild über die kulturellen Gewohnheiten zu machen.

2.9.4 Adaptionsphasen

Die Phase der Adaption an die neue Kultur ist von hoher Bedeutung, da ein Kulturschock das Risiko der

---

[191] Hofstede, Culture's Consequences: Comparing Values, Behaviors, Institutions and Organizations Across Nations[2] (2001) 9

Minderleistung, Adaptions-Stress sowie Lebens- und Arbeitsunzufriedenheit mit sich bringen kann. Die Abbildung 19 zeigt einen idealtypischen Verlauf des kulturellen Anpassungsprozesses von Stammhausdelegierten, die im Auftrag des Mutterkonzerns im Ausland eine Funktion übernehmen.[192] In der Literatur wird diese Darstellungsform im Allgemeinen als die „W-Kurve" bezeichnet und stellt die sogenannte Akkulturation, also den Assimilationsprozess von Immigranten, in grafischer Form dar.

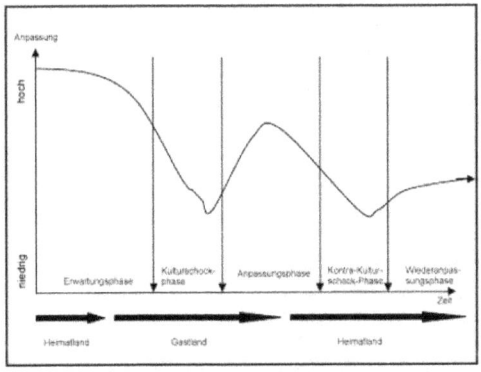

Abbildung 19: Phasen des Anpassungsprozesses[193]

Von Bedeutung ist, dass die W-Kurve sowohl eine Kulturschockphase beim Auswandern in das Zielland zeigt, als auch die Phase des Kontra-Kultur-Schocks, dh.

---

[192] Siedenbiebel, Internationales Management, Einflussgrößen – Erfolgskriterien – Konzepte (2008) 194
[193] Kenter & Welge, Die Reintegration von Stammhausdelegierten: Ergebnisse einer explorativen empirischen Untersuchung (1982) 177

der Rückkehr ins Heimatland und der gewissermaßen Neugewöhnung an die heimische Kultur.[194]

Dies unterscheidet die „W-Kurve" vom Vorgängermodell, der „U-Kurve". Das Modell der U-förmigen Kulturanpassung endet mit der Anpassung im Gastland und berücksichtigt nicht die Rückkehr und den damit verbundenen abermaligen Anpassungsprozess. Der Wiedereintritt in die heimische Kultur, oder auch „Eigenkultur-Schock" genannt, fehlt somit beim U-Kurven-Modell.

Die folgende Abbildung 20 verdeutlicht den Unterschied zwischen den beiden Modellen klar und zeigt in visueller Form den Unterschied zwischen Fremd- und Eigen-Kulturschock.

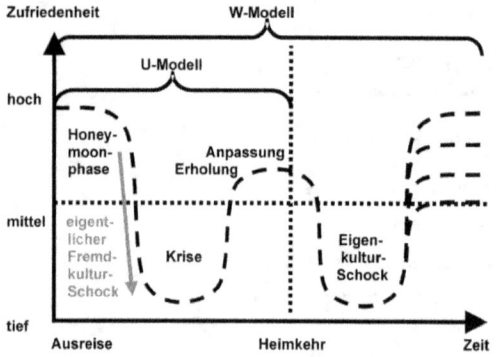

---

[194] Schreyögg, Coaching für die neu ernannte Führungskraft[2] (2010)186

Abbildung 20: U- vs. W-Anpassung-Kurve (nach Woesler M.)[195]

Die fünf Anpassungsphasen des W-Kurven-Modelles werden wie folgt beschrieben:

a) Phase 1: Erwartungsphase
Während der Erwartungsphase erlebt der Expatriate sein neues Umfeld und dessen Kultur aus einer touristischen Perspektive. In der Literatur wird auch von einer „Quasi-Urlaubsatmosphäre" oder der sogenannten „Honeymoon Phase" (Flitterwochen Phase) gesprochen. Grundsätzlich ist diese Phase von einem hohen Maß an Zufriedenheit, Euphorie und Neugier geprägt.[196]

b) Phase 2: Kulturschockphase
In der Kulturschockphase kommt es zu ersten Konflikten und der Expatriate wird Gefühle wie Heimweh, Frustration und Hilflosigkeit empfinden.[197]

c) Phase 3: Anpassungsphase
Der Expatriate findet Strategien, um sich anzupassen, und beginnt, die kulturellen Unterschiede zu akzeptieren. Er schließt

---

[195] Woesler, A new model of cross-cultural communication.² (2009) 31
[196] Siedenbiedel, Internationales Management, Einflussgrößen – Erfolgskriterien – Konzepte (2008) 195
[197] Maletzke, Interkulturelle Kommunikation. Zur Interaktion zwischen Menschen verschiedener Kulturen (1996) 166

Freundschaften und sieht das Entsendungsland als neue Heimat.[198]

d) <u>Phase 4: Kontra-Kulturschockphase</u>
Vorerst überwiegt die Vorfreude auf die Heimkehr. Schnell wird dieses Gefühl von Frustration abgelöst, da neue Freundschaften zurückgelassen werden mussten und Familie und Freunde des Heimatlandes nicht nachvollziehen können, was man erlebt hat. Es herrscht das Gefühl vor, „fremd im eigenen Land" zu sein.

e) <u>Phase 5: Wiederanpassungsphase</u>
Die heimische Kultur wird mehr und mehr wieder angenommen und der Frustrationslevel reduziert sich, da man das Gelernte und die Erfahrungen der Entsendung im beruflichen als auch privaten Leben anwendet.

---

[198] Moosmüller, Interkulturelle Kompetenz und interkulturelle Kenntnisse. Überlegungen zu Ziel und Inhalt im auslandsvorbereitenden Training (1996) 282 in Roth, Mit der Differenz leben. Europäische Ethnologie und Interkulturelle Kommunikation (1996)

3 Methodik

3.1 Qualitative Forschung

Der Autor wählt die Methode der qualitativen Forschung, da aufgrund der geringen Anzahl von Interviews eine standardisierte Erhebungs- und Auswertungs-Methode als nicht sinnvoll erscheint. Die qualitative Forschung untersucht das Neue im bereits Erforschten sowie das Unbekannte im scheinbar Bekannten.[199]

Der Autor entscheidet sich zur Erforschung der Problemstellung für das Instrument des qualitativen, teilstandardisierten Interviews. Zur Durchführung der Interviews wird im Vorfeld ein Interviewleitfaden erstellt, welcher dem Interviewer zur Orientierung dient, jedoch viel Spielraum für Formulierung, Reihung und Abfolge der Fragestellungen gewährt.[200]

3.2 Leitfadenentwicklung

Für die Erstellung des Leitfadens wählt der Autor zuerst eine allgemeine Frage, um den jeweiligen Kandidaten langsam an das Thema heranzuführen und ihm Zeit zu geben, sich an das Umfeld des Interviews zu gewöhnen.

Die weiteren Fragen werden in chronologischer Reihenfolge und in Anlehnung an themenbezogener Literatur, von der Vor-Antrittsphase über den Job-Antritt

---

[199] Flick & Kardorf & Steinke, Qualitative Forschung, Ein Handbuch[8] (2010) 14ff
[200] Flick & Kardorf & Steinke, Qualitative Forschung, Ein Handbuch[8] (2010) 35

bis hin zu den ersten 100 Tagen im Job, offen formuliert und gereiht. Damit soll dem Gesprächspartner geholfen werden, sich geistig der Zeitlinie entlang zu bewegen und sich besser an Emotionen, Empfindungen und Gedanken jener Zeit zu erinnern. Dem Autor erscheint diese Hilfestellung der zeitlichen Abfolge der Fragen als wichtig, da für einige Gesprächspartner die Zeit als Expatriate bereits viele Jahre zurückliegt. Viele Gefühle aus der damaligen Zeitspanne sind bewusst oder unbewusst im Unterbewusstsein des Interviewpartners vergraben und müssen erst wieder ans Tageslicht gebracht werden.

Abschließende Fragen zielen darauf ab, vom Gesprächspartner Verbesserungs-Vorschläge zu erhalten, wodurch es dem Autor möglich werden sollte, Handlungsempfehlungen für das Unternehmen abzuleiten.

Als Resultat erhielt der Autor zehn Hauptfragen mit je einer bis drei Unterfragen. Der Pretest ergab, dass sowohl Haupt- als auch Unterfragen verständlich formuliert waren und aufgrund dessen ein flüssiges Gespräch möglich ist. Die Fragen wurden entsprechend den Zweitmeinungen angepasst.

3.3 Fallauswahl

Der Autor wählte fünf Führungskräfte, deren Gemeinsamkeit darin besteht, dass sie alle für ein österreichisches Unternehmen als Expatriate Führungsaufgaben im Ausland gerade ausüben oder in der Vergangenheit ausgeübt haben.

Von den insgesamt fünf Interviews werden drei Gespräche mit ehemaligen Geschäftsführern sein, deren Entsendung zwischen elf und acht Jahre zurückliegt. Weitere zwei Gespräche werden mit derzeit aktiven Geschäftsführern geführt. Dem Autor erscheint diese Konstellation der Interviewpartner als interessant, da sich so beleuchten lassen wird, ob sich in einem Zeitraum von einer Dekade etwas an der Art und Weise des Umfeldes einer Entsendung verändert hat.

Jene drei Expatriates, deren Entsendung in der Vergangenheit liegt, sind alle noch im Unternehmen tätig, für das sie ins Ausland gingen. So liegt es nahe, dass der Autor die Interviews in den Räumlichkeiten des Mutterunternehmens durchführt. Bei den derzeit sich im Laufen befindlichen Entsendungen greift der Autor einmal auf ein Interview via Skype zurück sowie einmal auf die Chance eines Geschäftsbesuches des Autors vor Ort.

Abgesehen davon, dass die fünf ausgewählten Führungskräfte unterschiedliche Lebensläufe haben, sind auch Kriterien wie Vorgeschichte, Erfahrung, Fachkompetenz (Produkt- u. Branchenkenntnis), Führungskompetenz und Kulturkompetenz, individuell verschieden. Aus diesem Grund möchte der Autor im folgenden Abschnitt die Unterschiede besser herausarbeiten bzw. versuchen, Gruppen zu bilden, um dem Leser ein besseres Bild über die individuelle Situation der jeweiligen Führungskraft zu geben.

Führungserfahrung

Zwei der Befragten hatten vor Antritt des Jobs als Geschäftsführer effektive Führungserfahrung sammeln können. Drei der Führungskräfte waren zum Zeitpunkt des Job-Antritts an sich noch keine Führungskräfte, sondern bildeten ihre Qualifikation zur Führung erst während des Auslandsaufenthalts aus. Für den Autor ist dies ein wesentliches Unterscheidungsmerkmal zwischen den Kandidaten und spaltet die Gruppe der Interviewpartner in zwei Lager mit unterschiedlichen Levels in Bezug auf Führungs-Skills.

Fachkompetenz

Etwas anders verhält es sich mit der Fachkompetenz. Vier der befragten Interviewpartner besaßen Branchen- bzw. Produkt-Kenntnisse, wohingegen lediglich einer der Interviewten als Branchen-Neuling ohne Produktkenntnisse einzustufen ist. Genau dieser Branchen-Neuling verfügt jedoch über die am höchsten ausgeprägte Führungskompetenz. Aufgrund dieser Konstellation von Umfeldbedingungen bietet sich dem Autor die Chance, die Bedeutung und Gewichtung zwischen Fach- und Führungskompetenz in Bezug auf den schnellen und erfolgreichen Einstieg in die Rolle einer Führungskraft zu hinterfragen.

Kulturkompetenz

In Bezug auf Kultur und Sprache ist es wiederum der Branchen-Neuling, der gegenüber den restlichen vier Führungskräften einen klaren Vorteil hat. Er lebte zum Zeitpunkt des Job-Antritts bereits acht Jahre im Land und war nicht nur mit der Landessprache perfekt vertraut, sondern hat ebenso die Kultur vollinhaltlich akzeptiert. Sein Lebensmittelpunkt war zum Zeitpunkt des Job-Antritts voll und ganz im Land. So gesehen handelt es sich per Definition nicht um einen Expatriate. Alle anderen Kandidaten mussten, um den Job im Ausland anzutreten, ihren Lebensmittelpunkt verlegen. Dem Autor bietet sich die Möglichkeit zu erfragen, wie es die Kandidaten beeinflusst hat, zum Zeitpunkt des Jobantritts ein gewohntes soziales Umfeld zu verlassen und sich in einem anderen Sozialgefüge zurechtzufinden und einzugliedern.

<u>Erfahrung</u>

Dem Autor erscheint es wichtig zu unterscheiden, wie lange der Kandidat bereits im Berufsleben stand, als er die Entsendung antrat. Unabhängig davon, welche Funktion und Verantwortung ein Mitarbeiter ausübt, wird er mit jedem Jahr an Reife und allgemeinem Erfahrungsschatz wachsen und mehr Wert für das jeweilige Unternehmen verkörpern. Zwei Geschäftsführer wurden mit weniger als drei Jahren Berufserfahrung ins Ausland gesendet, wohingegen drei Kandidaten zum Zeitpunkt des Jobantritts mehr als drei Jahre allgemeine Berufserfahrung vorzuweisen hatten.

Um das unterschiedliche Potenzial der fünf Kandidaten übersichtlich zusammenzufassen, stellt der Autor unten stehende Grafik vor. Die oben beschriebenen vier Kriterien wie Führung, Fach, Kultur und Erfahrung werden mit 0 (null) für nicht vorhanden, mit 1 (eins) vorhanden und mit 2 (zwei) für überdurchschnittlich vorhanden bewertet. Der Autor bewertet jeden Interview-Kandidaten (Int. #1 bis 5) entsprechend den obigen Ausführungen. Um die Kandidaten im Verhältnis zum maximalen Potenzial zu zeigen, entscheidet sich der Autor für eine Säule „max. Pot." und bewertet jedes der Kriterien mit 2 (zwei) für überdurchschnittlich.

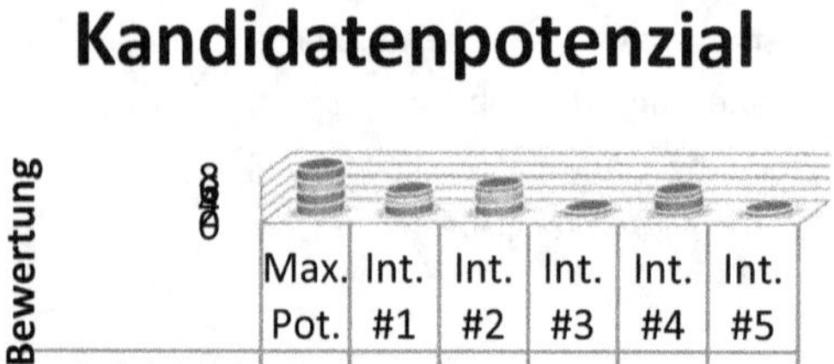

Kandidatenpotenzial

	Max. Pot.	Int. #1	Int. #2	Int. #3	Int. #4	Int. #5
Erfahrung	2	1	1	0	1	0
Kultur	2	1	2	0	0	0
Fach	2	2	0	1	2	1
Führung	2	0	2	0	1	0

Abbildung 21: Kandidatenpotenzial (eigene Darstellung)

3.4 Umgang mit Datenschutz

Vor Beginn des Interviews wurden alle Befragten auf die strikte Anonymisierung sämtlicher Daten sowie die Notwendigkeit einer Einverständniserklärung am Ende des Interviews hingewiesen. Sowohl auf Firmenname als auch auf Logo, wodurch auf die Identität des Befragten und die des Unternehmens geschlossen werden können, wird verzichtet. Der Autor hat ebenso Hinweise auf die jeweiligen Länder aus der Transkription zum Zwecke der Anonymität gestrichen.

3.5 Durchführung

3.5.1 Befindlichkeit/Rapport

Reaktion auf Anfrage des Interviews

Der Autor bekam auf alle seine Anfragen mit der Bitte um ein Interview eine prompte Zusage und hatte den Eindruck, die Kandidaten würden sich sehr über die Möglichkeit des Interviews freuen und es als Gelegenheit betrachten, zu diesem Thema etwas beizutragen. Dies bestärkte den Autor in seinem Vorhaben.

Motivation bei der Beantwortung der Fragen

Aufgrund der Erfahrung aus dem Pretest schätzte der Autor, dass jedes Interview etwa 45 bis 60 Minuten dauern würde. Schon die ersten Interviews sprengten diesen Rahmen deutlich und zeigten, dass die Befragten wesentlich mehr zu sagen hatten als angenommen. Speziell im späteren Verlauf der Interviews bewährte es sich, die Fragen gekoppelt mit der zeitlichen Abfolge der Entsendung zu stellen, denn die Interviewten gewöhnten sich an die Situation und wurden offener und ausführlicher in ihren Antworten. Ehemalige Expatriates sahen die Gelegenheit, endlich auf Versäumnisse ihrer Entsendung hinzuweisen, um so den Weg für zukünftige Expatriate zu erleichtern.

Verhältnis zum Autor

Laut Firmen-Organigramm sind Tochtergesellschaften und ihre jeweiligen Geschäftsführer direkt der Geschäftsleitung in Österreich unterstellt. Aus diesem Grund hat der Autor in seiner Funktion gegenüber den Geschäftsführern streng genommen keine

Weisungsbefugnis, sondern mehr die Funktion eines Beraters.

<u>Aussagekraft der Antworten aufgrund des Verhältnisses</u>

Die Antworten der Interviewten erschienen dem Autor als absolut schlüssig und offen. Der Autor hatte nicht das Gefühl, dass gewisse Umstände oder Tatsachen verschleiert oder verschönert wurden.

3.5.2 Gesprächsverlauf/Interaktion

<u>Nervosität</u>

Für alle Interviewten war der Umstand, ein Interview zu geben, ungewohnt. Es dauerte jeweils zwischen 5 bis 15 Minuten, bis der Autor das Gefühl hatte, dass alle Hemmschwellen abgebaut waren. Nervosität herrschte manchmal beim Autor, da die Internetverbindung für Skype nicht ausreichend war und so die Qualität der Aufzeichnung litt. Der Autor verspürte auch Nervosität vor dem ersten Interview, da ebenso für ihn die Situation ungewohnt war.

<u>Ort und Gegebenheiten des Interviews</u>

Die Interviews wurden meist in den Räumlichkeiten des Unternehmens geführt – primär weil sich hier nach der Arbeitszeit die Besprechungsräume die nötige Ruhe bot und so auch Nebengeräusche ausgeschlossen werden konnten, um die Qualität der Aufnahme zu steigern. Ein Interview wurde via Skype geführt und alle anderen Interviews wurden Face-to-Face geführt.

<ins>Fakten des qualitativen Interviews aufgeklärt</ins>

Der Autor hat zu Beginn der Aufnahme einen standardisierten Text vorgelesen, der den Befragten über die Hintergründe des Interviews sowie den Datenschutz als auch den groben Ablauf informiert. Der Autor fragt am Ende dieses Textes bewusst, ob die Interview-Partner das soeben Gehörte verstanden hätten und ob das Interview nun beginnen könne.

<ins>Fragen wurden gut verstanden</ins>

Bei allen Face-to-Face-Interviews waren sowohl die Akustik als auch die Artikulation kein Problem. Einzig der Dialekt der jeweiligen Partner machte die Transkription zu einer Herausforderung. Beim Interview via Skype war die Qualität der Verständigung manchmal mangelhaft, da die Internetverbindung an diesem Tag schlecht war. Einmal musste das Interview auch unterbrochen, die Skype-Verbindung neu aufgebaut werden, bevor es weitergehen konnte.

<ins>Denkanstöße – vorbereitete Unterfragen und situationsbezogene Fragen</ins>

Der Autor hatte 10 Hauptfragen sowie jeweils Unterfragen vorbereitet. Meist konnten alle Unterfragen passend zum Zusammenhang des

Gespräches gestellt werden. Mit steigender Anzahl der Interviews wurde auch der Autor gewandter im Umgang mit den Fragen und es ergaben sich dadurch mehr situationsbezogene Fragen als in den ersten Interviews. Die steigende Lockerheit des Autors während des Interviews als auch die höhere Anzahl an situationsbezogenen Fragen ließen die Länge der Interviews ebenfalls ansteigen.

Gefühl nach den Interviews

Nach dem ersten Interview verspürte der Autor gewissermaßen Erleichterung. Der Druck und die Anspannung, wie der Interview-Partner wohl reagieren würde, waren offensichtlich groß.

Mit steigender Anzahl von Interviews wurde das Gefühl der Erleichterung weniger, da eine Art Routine einkehrte. Das Interview via Skype bildete gewissermaßen eine neuerliche Ausnahme mit vielen Fragezeichen. Einerseits machte die bereits mehrmals angesprochene Qualität der Verbindung, jedoch auch die damit einhergehende Qualität der Gesprächsaufnahme dieses Interview zu etwas Besonderem.

Grundsätzlich hatte der Autor nach den Interviews nicht das Gefühl, noch die eine oder andere Frage vergessen zu haben. Dieses Gefühl hielt auch während der Aufarbeitung der Transkription an.

3.5.3 Besonderheiten/Störungen

<u>Zeitverschiebung</u>

Die Umstände machten es notwendig, bei der Planung und Terminvereinbarung der Interviews auf die Zeitverschiebung zu achten. Sowohl der Autor als auch die betroffenen Expatriates sind mit diesem Umstand bestens vertraut, da die Zeitverschiebung bei der täglichen Kommunikation ein ständiger Wegbegleiter ist.

<u>Qualität der Aufnahme</u>

Die Qualität der Aufnahme war bei jenen Interviews, welche in geschlossenen Räumen abgehalten wurden, ausgezeichnet. Vor allem bei jenen Interviews, welche in den Besprechungsräumen des Unternehmens durchgeführt wurden, gibt es keine störenden Geräusche und die Tonqualität ist sehr gut.

Wie schon angesprochen, gilt das Skype-Interview als Ausnahme. An den Laptop wurden Audioboxen angeschlossen und das Aufnahmegerät wurde vor diese Audioboxen gelegt. Ein vorheriger Test zeigte, dass die Stimme des Interviewers besser und klarer zu hören war. Die Stimme des Interviewten war jedoch wie durch eine Telefonleitung mit schwankender Qualität zu hören. Der Interviewte spricht sein Deutsch mit starkem Akzent, was die generelle Verständlichkeit erschwerte.

Unterbrechungen

Es gab lediglich bei einem Interview eine erzwungene Unterbrechung, da die Internetverbindung aufseiten des Interview-Partners abbrach und somit das Gespräch via Skype nicht fortgesetzt werden konnte. Die Aufnahme wurde gestoppt, die Verbindung neu aufgebaut und nach der Frage der Verständigung wurde das Interview respektive die Aufnahme erneut fortgesetzt. Der Autor hat in der Hektik des Momentes nicht konkret darauf geachtet, wie lange die Unterbrechung dauerte – schätzt diese jedoch nicht auf länger als eine Minute.

Erzähldrang

Wie schon oben erwähnt, änderte sich der Erzähldrang bei allen Interviewten mit dem Verlauf des Interviews. Bei allen Interviews war eine Art von Beklommenheit festzustellen, die sich im Verlauf des Gespräches löste. Das Gespräch wurde freier und die Antworten ausführlicher. Bemerkenswert war, dass während der ersten Minuten der Interviewte meist in Richtung Aufnahmegerät sprach, welches in der Mitte des Tisches lag. Nach einigen Minuten wandelte sich dies und die Antworten wurden in Richtung Interviewer gerichtet. Ab diesem Zeitpunkt wurde auch der Redefluss besser, die Nervosität wich und die Anzahl der Füllwörter wurde weniger.

Einflüsse von außen

Da der Autor bei der Wahl des jeweiligen Interview-Ortes auf ein ruhiges Umfeld sowie geschlossene Räume achtete, konnten die Einflüsse von außen ausgeschlossen werden. Die dafür verwendeten Besprechungsräume wurden im Vorfeld reserviert und die Zeit der Interviews wurde auf den späten Abend gelegt. Damit wurde das Risiko einer Unterbrechung von außen auf ein Mindestmaß reduziert.

In Bezug auf äußerliche Einflüsse sticht das Skype-Interview gegenüber den restlichen Interviews hervor, denn das Umfeld, in dem sich der Interviewte aufhielt, konnte vom Autor nicht kontrolliert werden. Der Interviewte war bei sich zu Hause und so waren zwangsläufig Geräusche wie das Schreien eines Kindes oder das Bellen eines Hundes zu hören. Diese Einflüsse störten jedoch nicht das Interview.

3.5.4 Gesprächsausstieg

Die Frage, ob der Interviewte von seiner Seite noch etwas hinzuzufügen hat oder ob es noch etwas gibt, das unbedingt erwähnt werden müsste, war ein fixer Bestandteil des Gesprächsausstieges. Alle Gesprächspartner hatten nach einer kurzen Bedenkzeit noch etwas zum bereits Gesagten hinzuzufügen. Insofern erwies sich diese Art des Gesprächsausstieges als richtig.

Selbstverständlich hat der Autor größten Wert darauf gelegt, von jedem Interview-Partner eine Einverständniserklärung unterschreiben zu lassen.

3.6 Auswertung

3.6.1 Zirkuläres Dekonstruieren

Als Auswertungsmethode wurde für alle fünf Interviews das zirkuläre Dekonstruieren verwendet. Nach Jaeggi eignet sich diese Auswertungsmethode besonders für Daten, welche aus Einzelinterviews gewonnen werden. Die Auswertung selbst gliedert sich in sechs Phasen. Die folgende Abbildung 22 soll den Ablauf der Methode strukturiert darstellen und diente dem Autor als Leitfaden während der Auswertung.

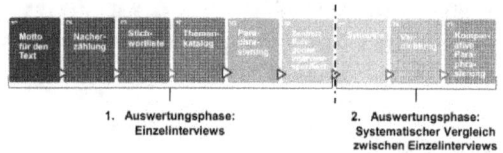

1. Auswertungsphase: Einzelinterviews
2. Auswertungsphase: Systematischer Vergleich zwischen Einzelinterviews

Abbildung 22: Auswertungsphasen 1 & 2[201]

---

[201] Jaeggi & Faas & Mruck, Denkverbote gibt es nicht! Vorschlag zur interpretativen Auswertung kommunikativ gewonnener Daten² (1998) 8ff

3.6.2 Motto des Interviews

Jedes der Interviews soll mit einem Motto versehen werden. Es kann sich um einen treffenden Satz oder ein Schlagwort aus dem jeweiligen Interview handeln. Das Motto soll dem Forschenden überdies bei der emotionalen Auseinandersetzung mit dem Material sowie der Zuordnung eines Textes zu einer Interviewperson helfen.[202]

3.6.3 Nacherzählung

In der Nacherzählung soll der Autor durch strenge Disziplin zur Kürzung die Kompression des Textinhaltes erreichen und damit das Gespräch auf das Wesentliche zusammenfassen. Der Autor legt den ersten Interpretationsschwerpunkt fest und es entwickeln sich gewisse Haupterzählstränge.[203]

3.6.4 Stichwortliste

Auffällige, gehaltvolle Worte oder Begriffe im Text werden in chronologischer Reihenfolge erfasst. Damit wird der Text weiter gestrafft sowie überschaubarer gemacht. Auf spontane Interpretationsversuche soll man sich einlassen.

---

[202] Jaeggi & Faas & Mruck, Denkverbote gibt es nicht! Vorschlag zur interpretativen Auswertung kommunikativ gewonnener Daten^2 (1998) 7

[203] Jaeggi & Faas & Mruck, Denkverbote gibt es nicht! Vorschlag zur interpretativen Auswertung kommunikativ gewonnener Daten^2 (1998) 9

Mit der Stichwortliste wird die Grundlage für den Verständnisprozess gebildet.[204]

3.6.5   Themenkatalog

Der Themenkatalog stellt bereits eine komplexere Abstraktion des Textes dar. Anhand der Stichwortliste werden durch die Bildung von Oberbegriffen, Themenbereiche isoliert, um Sinnzusammenhänge deutlich zu machen. Die extrahierten Themenbereiche können bereits als eine Art Vor-Kategorie verstanden werden.[205]

3.6.6   Paraphrasierung

In der Paraphrasierung werden im Vergleich zur Nacherzählung die Subjektivität und Intuition durch die gedankliche Vorstrukturierung, die im Themenkatalog dargelegt ist, ergänzt. Aufbauend auf dem Themenkatalog werden entweder Themen zu Meta-Themen zusammengefasst oder einzelne Themen in den Mittelpunkt gestellt sowie differenziert.[206]

---

[204] Jaeggi & Faas & Mruck, Denkverbote gibt es nicht! Vorschlag zur interpretativen Auswertung kommunikativ gewonnener Daten² (1998) 10

[205] Jaeggi & Faas & Mruck, Denkverbote gibt es nicht! Vorschlag zur interpretativen Auswertung kommunikativ gewonnener Daten² (1998) 11

[206] Jaeggi & Faas & Mruck, Denkverbote gibt es nicht! Vorschlag zur interpretativen Auswertung kommunikativ gewonnener Daten² (1998) 13

3.6.7 Zentrale Kategorien

Durch das Bilden von zentralen Kategorien können Vergleiche zwischen den verschiedenen Interviews gezogen werden. Die Kategorien können abhängig von Auswerterinnen und Auswertern für ein und dasselbe Interview unterschiedlich sein.[207]

Aus der Sicht des Autors ergeben sich nach Durchsicht und Reflexion der Interviews bei den ersten drei je siebzehn und bei den letzten zwei je sechzehn interviewspezifische zentrale Kategorien. Die erste Auswertungsphase der Interviews wurde im Anhang dieser Arbeit dokumentiert und daher entschließt sich der Autor, dem Leser an dieser Stelle eine zusammenfassende tabellarische Art der Übersicht zu geben. Dadurch soll für den Leser zum Ende der ersten Auswertungsphase ein besserer Überblick verschafft werden und gewissermaßen die Basis für die zweite Auswertungsphase gebildet werden, um so die nächsten Auswertungs-Schritte Synopsis, Verdichten und Komparative Paraphrasierung nachvollziehbar zu machen.

In einer Tabelle zusammengefasst ergeben sich folgenden zentralen Kategorien je Interview:

---

[207] Jaeggi & Faas & Mruck, Denkverbote gibt es nicht! Vorschlag zur interpretativen Auswertung kommunikativ gewonnener Daten² (1998) 14ff

Tabelle 1: Zentrale Kategorien (eigene Darstellung)

Nr.	Interview				
	Nr. 1	Nr. 2	Nr. 3	Nr. 4	Nr. 5
1.	Motivation (zum Job)	Sprachkompetenz	Motivation (zum Job)	Personalengpass	Motivation (zum Job)
2.	Rollenverhalten	Kulturkompetenz	Analyse Ausgangssituation	Motivation (zum Job)	Vorbereitungsphase
3.	Technisches Fach-Vokabular	Neugründung	Kulturkompetenz	Berufserfahrung	Sprachkompetenz
4.	Produktspezifisches Fachwissen	Motivation (zum Job)	Soziales Umfeld	Fachkompetenz	Erwartungs- u. Zielvorgaben
5.	Lebensmittelpunkt	Prozessverbesserung	Einführungszeit	Sozialkompetenz	Führungskompetenz
6.	Führungskompetenz	Überforderung	Wissenstransfer (Vorgänger)	Vorbereitungsphase	Organisatorische Details
7.	Kulturkompetenz	Führungskompetenz	Wachstblöse	Schulungsdefizte	Berufserfahrung
8.	Vertrauen aufbauen	Zieldefinition	Rollenidentifikation	Zielvorgaben	Einführungszeit
9.	Teambuilding	Produktkompetenz	Mitarbeiterfluktuation	Analyse Ausgangssituation	Wachstblöse
10.	Erwartungsdruck	Changemanagement	Teambuilding	Burn-Out	Rollenidentifikation
11.	Konfliktmanagement	Mitarbeiterintegration	Tagesgeschäft	Sprachkompetenz	Teambuilding
12.	Eingewöhnungsphase (f. MA's)	Mitarbeitergespräche	Zielentwicklung	Personalfluktuation	Personalfluktuation
13.	Wissenstransfer	Fremdsprachenkompetenz	Erwartungshaltungen	Veränderungsmanagement	Überforderung
14.	Markenorientierung	Veränderung pers. Umfeldes	Sprachkompetenz	Entsendungsperiode	Analyse Ausgangssituation
15.	Kundenorientierung	Freizeitbeschäftigung	Mitarbeiterführung	Soziales Umfeld	Zielvorgaben
16.	Veränderung der MA-Einstellung	Soziale Anbindung	Beziehungsnetzwerk	Heimatverbundenheit	Soziales Umfeld
17.	Mitarbeitergespräche	Burn-Out	Führungskompetenz		

4 Ergebnisdarstellung

In der zweiten Auswertungsphase kommt es zum systemischen Vergleich der Einzelinterviews. Die Ergebnisdarstellung umfasst drei Teilschritte: die Synopsis, die Verdichtung sowie die komparative Paraphrasierung. Laut Jaeggi stellt dieser Teil der Auswertung einen wichtigen Teil der kreativen Gedankenschleife dar, mit dem Ziel, den Text durch Vergleichen der Inhalte wieder neu zusammenzustellen.[208]

4.1 Synopsis

Als erster Schritt der zweiten Auswertungsphase wird die sogenannte Synopsis vorgenommen. Das Wort Synopsis stammt aus dem Altgriechisch und *„steht für eine vergleichende Übersicht und Gegenüberstellung gleichartiger Texte"*[209]. Die im letzten Schritt der ersten Auswertungsphase je Interview gefundenen zentralen Kategorien werden in tabellarischer Form dargestellt. Eine mögliche Darstellungsform, abhängig von der Anzahl der Kategorien sowie der Interviews, listet die Kategorien in den Zeilen und die nummerierten Interviews in den Spalten. Ein ‚X' markiert das Vorkommen einer bestimmten Kategorie in einem der Interviews. Die Ziffern neben dem ‚X' definiert die Nummer der zentralen Kategorie jenes Interviews, aus dem die Kategorie

---

[208] Jaeggi & Faas & Mruck, Denkverbote gibt es nicht! Vorschlag zur interpretativen Auswertung kommunikativ gewonnener Daten² (1998) 8ff
[209] Beitrag auf Wikipedia, Synopsis, Link: http://de.wikipedia.org/wiki/Synopse, am 16.6.2013

stammt.[210] Der primäre Sinn der tabellarischen Darstellung besteht darin, zu helfen, erste Häufungen sichtbar zu machen.[211]

Der Autor entschließt sich dazu, die zentralen Kategorien alphabetisch zu sortieren, um ein schnelleres Finden der jeweils gesuchten Kategorie zu ermöglichen. In Anlehnung an diese Art der Sortierung entscheidet sich der Autor, die Typisierung aus einer Kombination von Buchstaben und Nummern zu gestalten, da das Alphabet von A-Z für die Anzahl der zentralen Kategorien nicht ausreichen würde. Weiters fügt der Autor die Spalte „Häufung" hinzu, um dem Leser mehr Übersicht über Tendenzen zum Inhalt zu bieten.

---

[210] Jaeggi & Faas & Mruck, Denkverbote gibt es nicht! Vorschlag zur interpretativen Auswertung kommunikativ gewonnener Daten² (1998) 8ff
[211] Beitrag auf Prozesspsychologen.de, Zirkuläres Dekonstruieren, Link: http://blog.prozesspsychologen.de/?p=88, am 16.6.2013

Tabelle 2: Synopsis (eigene Darstellung)

Type	Zentrale Kategorien	Häufung	Interview Nr. 1	Nr. 2	Nr. 3	Nr. 4	Nr. 5
A	Analyse Ausgangssituation	3			X (2)	X (9)	X (14)
B	Berufserfahrung	2				X (3)	X (7)
B.1	Beziehungsnetzwerk	1			X (16)		
B.2	Burn-Out	2		X (17)		X (10)	
C	Changemanagement	1		X (10)			
E	Einführungszeit	2			X (5)		X (8)
E.1	Eingewöhnungsphase (f. MA's)	1	X (12)				
E.2	Entsendungsperiode	1				X (14)	
E.3	Erwartungs- u. Zielvorgaben	1					X (4)
E.4	Erwartungsdruck	1	X (10)				
E.5	Erwartungshaltungen	1			X (13)		
F	Fachkompetenz	1				X (4)	
F.1	Freizeitbeschäftigung	1		X (15)			
F.2	Fremdsprachenkompetenz	1		X (13)			
F.3	Führungskompetenz	4	X (6)	X (7)	X (17)		X (15)
H	Heimatverbundenheit	1				X (16)	
K	Konfliktmanagement	1	X (11)				
K.1	Kulturkompetenz	3	X (7)	X (2)	X (3)		
K.2	Kundenorientierung	1	X (15)				
L	Lebensmittelpunkt	1	X (5)				
M	Markenorientierung	1	X (14)				
M.1	Mitarbeiterfluktuation	1			X (9)		
M.2	Mitarbeiterführung	1			X (15)		
M.3	Mitarbeitergespräche	2	X (17)	X (12)			
M.4	Mitarbeiterintegration	1		X (11)			
M.5	Motivation (zum Job)	5	X (1)	X (4)	X (1)	X (2)	X (1)
N	Neugründung	1		X (3)			
O	Organisatorische Details	1					X (6)
P	Personalengpass	1				X (1)	
P.1	Personalfluktuation	2				X (12)	X (12)
P.2	Produktkompetenz	1		X (9)			
P.3	Produktspezifisches Fachwissen	1	X (4)				
P.4	Prozessverbesserung	1		X (5)			
R	Rollenidentifikation	2				X (8)	X (10)
R.1	Rollenverhalten	1	X (2)				
S	Schulungsdefizite	1				X (7)	
S.1	Soziale Anbindung	1		X (16)			
S.2	Soziales Umfeld	3			X (4)	X (15)	X (16)
S.3	Sozialkompetenz	1			X (5)		
S.4	Sprachkompetenz	4		X (1)	X (14)	X (11)	X (3)
T	Tagesgeschäft	1		X (11)			
T.1	Teambuilding	3	X (9)		X (10)		X (11)
T.2	Technisches Fach-Vokabular	1	X (3)				
U	Überforderung	2		X (6)			X (13)
V	Veränderung der MA-Einstellung	1	X (16)				
V.1	Veränderung pers. Umfeldes	1		X (14)			
V.2	Veränderungsmanagement	1				X (13)	
V.3	Vertrauen aufbauen	1	X (8)				
V.4	Vorbereitungsphase	2				X (6)	X (2)
W	Wachablöse	2			X (7)		X (9)
W.1	Wissenstransfer	1	X (13)				
W.2	Wissenstransfer (Vorgänger)	1			X (6)		
Z	Zieldefinition	1		X (8)			
Z.1	Zielentwicklung	1			X (12)		
Z.2	Zielvorgaben	2				X (8)	X (15)

4.2 Verdichtung

Als nächster Schritt der zweiten Auswertungsphase wird die Liste der zentralen Kategorien aus der Synopsis in neu definierten Übergruppen verdichtet.[212] Der Autor konnte aus den fünf Interviews fünf übergeordnete Gruppen, oder sogenannte Konstrukte, herausarbeiten.

Die Konstrukte lauten wie folgt:

1. Integrationsprozess
2. Kandidatenpotenzial
3. Work-Life-Balance
4. Selbst- und Fremdbild
5. Veränderungsprozess

4.3 Komparative Paraphrasierung

Als dritter Schritt der zweiten Auswertungsphase folgt nun die komparative Paraphrasierung, womit der Autor versucht, die Unterschiede sowie Gemeinsamkeiten der Interviews auf Basis der im vorherigen Arbeitsschritt entwickelten fünf Konstrukte herauszuarbeiten. Erreicht werden soll dies durch die Anreicherung des Textes mit typischen Zitaten aus den Interviews, um so den Bezug zum Ausgangsmaterial herzustellen.[213]

---

[212] Jaeggi & Faas & Mruck, Denkverbote gibt es nicht! Vorschlag zur interpretativen Auswertung kommunikativ gewonnener Daten² (1998) 8ff
[213] Jaeggi & Faas & Mruck, Denkverbote gibt es nicht! Vorschlag zur interpretativen Auswertung kommunikativ gewonnener Daten² (1998) 8ff

Im folgenden Abschnitt werden die jeweiligen Kandidaten mit K1 bis K5 und die Interviews mit I1 bis I5 abgekürzt. Weiters entscheidet sich der Autor im Kapitel 4.3 Komparative Paraphrasierung der Übersicht halber, die Zitate unter Anführungszeichen zu stellen und die jeweilige Quelle dem Zitat unmittelbar folgen zu lassen, anstelle sich einer Fußnote zu bedienen. Jedes Zitat wird in Klammer gesetzt, mit der Nummer des Interviews z.B. I1 und der Zeile aus der Transkription z.B. Z 282 markiert. Die Nummer des Interviews und die Zeile werden durch einen Schrägstrich ‚/‘ getrennt z.B. (I1/Z 41).

4.3.1 Integrationsprozess

Vorbereitungsphase

- K1 – lebte bereits im Land, daher keine Vorbereitung

K1 war Seiteneinsteiger mit hoher Sprach-, Kultur- und Führungskompetenz, jedoch fehlender Produktkompetenz, welche ihm durch Schulungen im Mutterkonzern vermittelt wurde. *„Ich bekam dann in Österreich die Schulung betreffend Maschinen, und die Erfahrungswerte betreffend dem Unternehmen [...] auch viele Informationen darüber, was früher geschehen ist und was im Moment geschieht."* (I1/Z 41)

- K2 – pendelt zwischen Heimatland und Mutterland

K2 galt als High Potential mit guter Sprach-, Kultur- und Produktkompetenz, aber einem Defizit an Führungskompetenz und würde sich heute besser auf die Aufgabe vorbereiten: *„Heute würde ich mir vorher genauer überlegen, was auf mich zukommt und mich dann entsprechend besser vorbereiten [...] Sprache, Führungsfähigkeiten, sonstige Fähigkeiten, [...] damit ich das gut machen kann."* (I2/Z 170)

- K3 – sechs Monate Vorbereitungsphase

K3 kann als High Potential bezeichnet werden mit den typischen Merkmalen wie jung, hochmotiviert, mit mittelmäßiger Produktkompetenz, jedoch geringer bis keiner Sprach- bzw. Führungs-Kompetenz. Der Mutterkonzern gestaltete seine Vorbereitungszeit dementsprechend: *„Der Mutterkonzern hat mir ermöglicht, einmal vor Jobantritt [...], in die Zentrale zu fliegen, um mich vor Ort acht oder zehn Tage einfach einmal zu orientieren, um die Firma anzuschauen, um die Gegend ein bisschen zu erkunden [...] die Niederlassung und das Umfeld dort kennenzulernen."* (I3/Z120) Auch an die Verbesserung der sprachlichen Fähigkeiten wurde gedacht. *„Dann hab ich einen 3-Tages-Sprachen-Crashkurs absolvieren dürfen."* (I3/Z131) Leider hat das Mutterunternehmen vollständig übersehen, dass K3 *„nie Führungsaufgaben in dem Sinn über hatte [...] und war natürlich auch in keiner Weise darauf vorbereitet, geschweige denn dann in einer Fremdsprache auch noch."* (I3/Z 157)

- K4 – keine Vorbereitungsphase

Auch K4 ist ebenfalls ein High Potential der als *„22-Jähriger, mit 1 ½-jähriger Erfahrung"* (I4/Z 55) die Entsendung annimmt. Da K4 aufgrund einer personellen Notsituation heraus schnell ins Entsendungsland musste, blieb keine Zeit für Vorbereitung. *„Auf die Führungsposition als solches, in Bezug auf Mitarbeiterführung, war da eigentlich gar nichts gemacht worden"* (I4/Z 53)

Er selbst hat sich „*gar nicht*" (I4/Z 73) auf die Aufgabe vorbereitet.

- K5 – kurze Vorbereitungsphase

K5 „*durfte für eine Woche rüber, um sich einmal die Firma anzuschauen*" (I5/Z 51) und auch „*ein Sprach-Kurs wurde organisiert.*" (I5/Z 54)

Personalfluktuation

Der Integrationsprozess der ausländischen Führungskräfte wurde in den hiesigen Tochterfirmen auf unterschiedlichste Art und Weise vollzogen, aber alle Kandidaten hatten zu Beginn ihrer Entsendungsperiode mit hoher Personalfluktuation zu kämpfen.

- K1 – übernimmt Unternehmen nach chef-loser Zeit

„*Plötzlich ein Europäer als neuer Chef, mit gewisser strikter Arbeitsweise, gewisser Disziplin, Arbeitsprägung, das war für die [das Team, Anm. Autor] auch ein Schock. Ein komplett anderer Kultur-Chef, war für sie sicherlich auch eine Herausforderung, sich anzupassen. Deshalb war am Anfang gewisser Widerstand von denen spürbar und sichtbar.*" (I1/Z 136)

- K2 – schleichende Übernahme

K2 konnte sich lange Zeit mit seinem Vorgänger bei „*Personalgeschichten immer gut abstimmen, weil er [der Vorgänger, Anm. Autor] einfach erfahrener war als ich, […] ich war ein junger Hupfer, alle Angestellten waren älter wie ich.*" (I2/Z 86)

- K3 – getäuschtes Team bricht auseinander

Das Team war K3 gegenüber „*am Anfang skeptisch*" (I3/Z 335) und „*wie sie erfahren haben, dass mein Vorgänger zurück nach Österreich geht […] ist das Team auseinandergebrochen.*" (I3/Z 275)

- K4 – Konfrontation führte zu Fluktuation

„*Die Konfrontation mit Mitarbeitern war klar da*" (I4/Z 113) und „*dann hat der gekündigt, dann ist der weg*" (I4/Z 156). „*Da war recht intensives Kommen und Gehen.*" (I4/Z 235)

- K5 – Schlüsselstellen verlassen Unternehmen

Schlüsselfiguren im Unternehmen „*wie der Vorgänger, der Serviceleiter, und die Administrationschefin*" (I5/Z 166) […] „*haben im Vorfeld oder zum Zeitpunkt, wo der Wechsel kam, das Unternehmen verlassen.*" (I5/Z 150)

Analyse Ausgangssituation

Beim Vergleich dieser Interviewpassagen zeigt sich, dass K1, im Vergleich zu K2 bis K5, bereits zum Zeitpunkt des Wechsels Erfahrung im Jobwechsel hatte und damit verstand, wie wichtig die Analyse der Ist-Situation für zukünftige Maßnahmen ist.

- K1 – bereits im Vorfeld Unternehmen übernommen

„Ein Unternehmen kann nur funktionieren, wenn es intern funktioniert." (I1/Z 238) *„Der erste Schritt war, die Leute [die Mitarbeiter, Anm. Autor] kennenzulernen."* (I1/Z 244) *„Der zweite Schritt war, schnell die interne Teamarbeit zu erreichen"* (I1/Z 244) [...] *„und dann das Image nach außen anzuheben."* (I1/Z 252)

- K3 – keine Analyse

„Die Ausgangssituation hab ich eigentlich in dem Sinn gar nicht analysiert." (I3/Z 265)

- K4 – keine Analyse

„Also analysiert im Sinne von Aufnehmen und Berichte schreiben usw. null." (I4/Z 109)

- K5 – keine Analyse

„Ja, zuerst einmal eigentlich gar nicht, muss ich sagen." (I5/Z 158)

Wissenstransfer

Die zeitliche Überlappung mit dem Vorgänger und die damit einhergehende Chance auf umfassenden Wissenstransfer gestalteten sich unterschiedlich, da die Voraussetzungen variierten, aber bis auf K2, der lange Zeit überlappend mit seinem Vorgänger zusammengearbeitet hat, ist der Wissenstransfer bei K1 sowie K3 bis K5 gleichermaßen schlecht und daher verbesserungswürdig.

- K1 - Vorgänger nicht mehr im Unternehmen zum Eintrittsdatum:

K1 schätzt, dass er *„80% meiner ersten 3-4 Monate für Aufräumungsarbeit und Lernphase verschwendete"* (I1/Z 300) und so seine Voraussetzungen für einen erfolgreichen Start *„1000% schwieriger"* (I1/Z 289) waren.

- K2 – zwei Jahre gemeinsam mit Vorgänger:

Da bei K2 die Phasen sehr stark ineinander verwoben sind, keine klare Abgrenzung möglich ist, kam es zu einem schleichenden Wissenstransfer, bei dem sich er und sein Vorgänger *„immer sehr stark abgestimmt haben"* (I2/Z 84), […] und in weiterer Folge *„viele Entscheidungen gemeinsam getroffen haben."* (I2/Z 73)

- K3 – sechsmonatige Überlappung mit Vorgänger:

K3 hat vom Vorgänger profitiert und gibt an: *„in der Einarbeitungsphase hab ich sehr viel gelernt"* (I3/Z 316) – relativiert diese Aussage jedoch sofort – *„Nur halt auch sehr viel Falsches"* (I3/Z 316), da er Verwaltungstätigkeiten lernte, für welche *„seiner Meinung nach die Administrationsmädls zuständig gewesen wären."* In weiterer Folge stellte sich jedoch heraus, dass dieses Wissen *„später unglaublich wertvoll"* (I3/Z 325) war.

Der Vorgänger von K3 hat offenbar auch erkannt, wie wichtig Schlüsselpersonen für den Erfolg sind und *„hat versucht, mich [K3, Anm. Autor] mit Schlüsselpersonen, wie Anwälte, Steuerberater, Buchhalter und Versicherungsagenten, in Verbindung zu bringen."* (I3/Z 359)

K3's Vorgänger hat K3 *„an seinen Erfahrungen teilhaben lassen – Erfahrungen die er gemacht hat."* (I3/Z 445) K3 empfand *„solche Tipps und Tricks als unschätzbar wertvoll."* (I3/Z 447)

- K5 – sechsmonatige Überlappung mit Vorgänger:

K5: *„Die Einarbeitung war schlecht."* (I5/Z 184) *„Ich bin weder bei finanziellen Aspekten involviert worden, noch großartig bei Entscheidungen."* (I5/Z 187)

K5 erwartete *"vom Vorgänger, dass er mich aktiv in seine Gedanken miteinbezieht, mich mehr an der Sache beteiligt und mir seinen Weitblick lernt"* (I5/Z 388) [...] und, *"dass er früher das Zepter aus der Hand gibt und ich dann schon entscheide, während dem er sozusagen als Berater noch da ist."* (I5/Z 398)

4.3.2 Kandidatenpotenzial

<u>Sprachkompetenz</u>

Es sind sich alle Kandidaten einig, wie ungeheuer wichtig es ist, die jeweilige Sprache des Landes perfekt zu beherrschen. K1 lebte bereits mehrere Jahre im Land und hat dadurch gegenüber K2 bis K5 bessere Voraussetzungen.

- K1 – sechs Jahre im Land gelebt vor Eintrittsdatum:

"Wichtig ist, dass man die Sprache beherrscht. Das war ein Vorteil [für K1, Anm. Autor]. Allerdings musste ich auch stark dahinter sein, die technischen Ausdrücke zu lernen. Die waren auch teilweise neu für mich." (I1/Z 219)

- K2 – sechs Monate im Land gelebt vor Eintrittsdatum:

"Die größte Schwierigkeit war einmal erstens die Sprache, weil du halt einfach dich nicht so ausdrücken kannst, als wie in deiner Muttersprache [...] gerade bei der Führung von

Personal." (I2/Z 144) „*Auf der Muttersprache des Landes musst du sehr, sehr sattelfest sein.*" (I2/Z 177)

- K3 – dreizehn Jahre Schulenglisch vor Eintrittsdatum:

„*Das Problem am Anfang, war die Sprache.*" (I3/Z 433) „*Du musst in der Lage sein, die Muttersprache des Landes fließend zu sprechen. Das ist Grundvoraussetzung.*" (I3/Z 564) „*Die Sprachgewandtheit fehlt und so kannst du nicht auf gewisse Nuancen der Sprache eingehen.*" (I3/Z 68)

- K4 – zwölf Jahre Schulenglisch vor Eintrittsdatum:

„*Meine Sprache war bis dann, wie sich dann rausgestellt hat, nicht so gut wie eigentlich erwartet, auch von mir selber erwartet.*" (I4/Z 250)

- K5 – zehn Jahre Schulenglisch vor Eintrittsdatum:

„*Die Sprache war für mich am Anfang sicher eine große Schwierigkeit, die eine große Hürde dargestellt hat*" (I5/Z 56) „*Selber, muss ich jetzt zugeben, hätte ich mich besser auf das technische Vokabular vorbereiten können […] um dann nicht so überfordert zu sein mit der Sprache.*" (I5/Z 77) „*Wenn man sich nicht verständigen kann, dann ist das wie mit einem Knebel – wenn ich geknebelt bin, dann kann ich auch niemandem was anschaffen, ich kann niemanden loben, geschweige denn führen."* (I5/Z 331)

Führungskompetenz

Von den fünf Kandidaten hatte nur ein Kandidat Führungserfahrung. Die anderen vier Kandidaten brauchten teilweise lange, um sich die nötige Kompetenz anzueignen und sich dabei wohl zu fühlen.

- K1 – sechs Jahre Führungserfahrung:

„Ich habe ein Unternehmen übernommen, das betreffend dem Personal unter aller Würde war." (I1/Z 73) *„Das war ein Chaos von A bis Z."* (I1/Z 75) *„Ich hab da von jedem Einzelnen einen Brief verlangt, wie er sich momentan fühlt, was besser sein müsste. Diese Briefe habe ich immer noch bei mir, hab die auch analysiert, hab dann auch angefangen, darauf zu arbeiten."* (I1/Z 258)

- K2 – keine Führungserfahrung vor Eintrittsdatum:

„Ich habe vorher keine Führungsaufgaben gehabt in dem Sinne, ich habe auch nie dahingehend irgendeine Art von Ausbildung genossen." (I2/Z 366) *„Ausbildungen in Richtung Führungsarbeit hätte mir geholfen, sehr stark*

geholfen, denn da habe ich sicher viele Sachen falsch gemacht." (I2/Z 371)

- K3 – keine Führungserfahrung vor Eintrittsdatum:

"Dadurch, dass ich vorher nie Führungsaufgaben in dem Sinn über hatte, war das einfach schwierig zu 100% für das Hire und Fire zuständig zu sein, auf einmal Mitarbeitergespräche führen, Personalentwicklung, einfach delikate Dinge, die bei der Personalführung daherkommen [...] in keinster Weise war ich darauf vorbereitet." (I3/Z 157)

- K4 – keine Führungserfahrung vor Eintrittsdatum:

K4 war bewusst, *"einen Mangel an Führungspraxis zu haben"* (I4/Z 305), gibt auch an, dass *"weder vonseiten des Unternehmens"* (I4/Z 53) noch von seiner Seite etwas dagegen unternommen wurde (I4/Z 480) – sagt allerdings, *"dass er sich an keinen Moment erinnern kann, in dem er sich mit der Führungsrolle überfordert gefühlt hätte."* (I4/Z 175)

- K5 – keine Führungserfahrung vor Eintrittsdatum:

"Ich war ohne irgendeine Führungserfahrung, und das war sicher das größte Manko." (I5/Z 81)

„Ich war unerfahren, was Führung betrifft." (I5/Z 253)

Produktkompetenz

- K1 – Seiteneinsteiger ohne Produktkompetenz

„Für Branchenneulinge, würde ich zuerst mal einen praktischen Kurs machen […] nicht nur maschinentechnisch, sondern einmal ein, zwei Wochen lang praktische Erfahrung sammeln, den Werkstoff kennenlernen, die Prozesse kennenzulernen von der ganzen Herstellung, das wäre sicherlich ein großer Vorteil, um noch schneller die gewissen speziellen Fachtechniken kennenzulernen." (I1/Z 128)

- K2 – vier Jahre Produktkompetenz

K2 streicht hervor, dass die optimale Einarbeitungszeit zwischen sechs Monaten und einem Jahr liegen würde, jedoch *„stark verkürzt werden könnte, wenn jemand, […], der die Erfahrung schon mitbringt, der zB das Produkt kennt."* (I2/Z 416)

- K3 – vier Jahre Produktkompetenz

K3 bringt zum Eintrittszeitpunkt vier Jahre Produktkompetenz mit und verhält sich im Interview sehr neutral zu diesem Thema. Er betont, dass ihm das technische Vokabular zu schaffen machte – siehe Sprachkompetenz.

- K4 – ein Jahr Produktkompetenz

K4 gibt an, dass ihm trotz seines jungen Alters und geringer Berufserfahrung *„vom technischen Level her keiner das Wasser hat reichen können"* (I4/Z 162) und er sich in recht kurzer Zeit sowohl bei den Kunden als auch bei seinem Team einen sehr hohen Grad an Akzeptanz erarbeiten konnte.

- K5 – vier Jahre Produktkompetenz

K5 gibt an, dass er trotz vier Jahre Erfahrung mit dem Produkt seiner Meinung nach für die an ihn gestellten Herausforderungen *„zu unerfahren war, was das Produkt betrifft, das wir vertreiben."* (I5/Z 252)

Kulturkompetenz

- K1 – Lebensmittelpunkt im Entsendungsland vor Eintritt

K1 lebte zum Zeitpunkt des Eintritts in der Tochterfirma bereits einige Jahre im jeweilgen Land, jedoch bestätigt er, wie wichtig es ist, die

Kultur *„durch Tests"* (I1/Z 433) kennenzulernen. *„Ich hab am Anfang mehrmals ein paar Leuten von verschiedenen Niveaus ein bisschen Geld geliehen – da hab ich gesehen, wie ist die Kultur, sind sie verantwortungsbewusst, bezahlen sie es, wann sie es gesagt haben, melden sie sich, melden sie sich nicht, muss ich immer nachfragen – solche Tests habe ich gemacht und da hab ich viel gelernt."* (I1/Z 435)

- K2 – sechsmonatige Berührung mit der Kultur vor Entsendung

„Ich war ja vorher schon einmal ein halbes Jahr drüben […], und deswegen war die Kultur für mich nicht fremd." (I2/Z 211) *„Also du musst die Kultur kennen, du musst die Leute kennen."* (I2/Z 203)

- K3 – einzige Berührung mit der Kultur durch privaten Urlaub

„Kultur, für mich war schon ein Kulturschock da, also sowohl auf beruflicher als auch privater Ebene." (I3/Z 427) *„Aber alles in allem war die Kultur nicht so das Problem am Anfang, eher die Sprache."* (I3/Z 432)

- K4 – vor der Entsendung nie der Kultur ausgesetzt

K4 gibt an, dass *„im ersten halben Jahr viele andere Leute [Expatriates, Anm. Autor] vor Ort waren"* und so konnte er gemeinsam mit ihnen *„recht stetig erste Erfahrungen von*

Kulturgeschichten sammeln." (I4/Z 234) *„Kultur war eigentlich recht gedämpfte Eindrücke und ich hab eigenartige Situationen erlebt, wo ich heute noch die Geschichten erzähle."* (I4/Z 232)

- K5 – durch Geschäftsreisen der Kultur ausgesetzt

K5 gibt an, dass er aufgrund von Geschäftsreisen so manche Eigenheit der Kultur kannte und er daher die Bedeutung *„einer Art Kulturvorbereitung"* (I5/Z 71) zu schätzen gewusst hätte – *„was überhaupt nicht passiert ist."* (I5/Z 70)

4.3.3 Work-Life-Balance

<u>Soziales Umfeld - Lebensmittelpunkt</u>

- K1 – Lebensmittelpunkt im Entsendungsland

Sein Lebensmittelpunkt hat sich vollständig in das betreffende Land verschoben und dementsprechend hat sich sein soziales Umfeld angepasst bzw. verändert. Dies ist für ihn so selbstverständlich geworden, dass es während des Interviews nicht thematisiert wurde.

- K2 – Lebensmittelpunkt befristet verlagert

K2 scheint dieser Punkt sehr am Herzen zu liegen denn er spricht lange und ausführlich davon und rät jedem potenziellen Expatriate sich eingehend mit dieser Frage auseinanderzusetzen und die Karrierechance mit der zeitweisen Aufgabe des gewohnten sozialen Umfeldes abzuwägen.

„Das Wichtigste ist, dass er sich im Vorfeld genau überlegt, auf was lass ich mich da ein und sich die Zeit nimmt und das durchdenkt." (I2/Z 432) *„Viele von meinen Freunden in diesen drei Jahren, wo ich da drüben gewesen bin, geheiratet haben, Kinder bekommen haben und ich schon da ab und zu einmal gedacht habe, ich habe da drei Jahre verloren. Das Leben läuft weiter ohne dich."* (I2/Z 462)

- K3 – Lebensmittelpunkt befristet verlagert

„Ich glaube die betroffene Person sollte sich überlegen, was das im sozialen Umfeld von einem bedeutet, wenn man jetzt drei Jahre seines Lebens in eine andere Kultur geht, und man tut nichts anders als arbeiten." (I3/Z 536)

- K4 – Lebensmittelpunkt befristet verlagert

„Jetzt habe ich was anderes gesehen, dreieinhalb Jahre lang, und die Heimat als solches ist wertvoller denn je." (I4/Z 548) *„Da ist einfach die private Verbundenheit zur Heimat."* (I4/Z 447)

- K5 – Lebensmittelpunkt befristet verlagert

„Man baut sich kein soziales Umfeld auf, weil man flüchtet sich in die Arbeit." [...] „Das soziale Umfeld schrumpft auf ein Minimum vor Ort, aber auch zu Hause fallen natürlich gewisse Kontakte weg [...] und es bleiben wirklich nur die allerbesten Freunde übrig. Man versäumt auch gewissermaßen das Leben zuhause, [...] viele Freunde haben geheiratet oder Kinder bekommen, das sind alles Erlebnisse, bei denen man nicht dabei ist." (I5/Z 344)

Überforderung/Sprung ins kalte Wasser

- K1 – zwei Wochen nach Eintritt/Gedanken an Aufgabe

„Ganz ehrlich gesagt, nach zwei Wochen hab ich schon mal das Handtuch irgendwo gesehen, das weiße Handtuch." (I1/Z 70)

- K2 – ersten drei Monate/Überforderung

„Puh, hoffnungslos überfordert." (I2/Z 282) „Ich habe mich vom Anfang an voll reingekniet" (I2/Z 282) „Ich habe am Anfang sieben Tage die Woche gearbeitet." (I2/Z 289) „Das funktioniert eine Zeit, das funktioniert eine Zeit lang, aber

nicht auf die Dauer, da macht man sich kaputt."
(I2/Z 484)

- K3 – ersten drei Monate/Überforderung

„Ich war da einfach überfordert." (I3/Z 366) *„Ja, zäh gewesen. Also brutal viel Arbeit, ganz schnell in der Tagesarbeit erstickt."* (I3/Z 407) *„Am Anfang hab ich sicher sehr viel Federn lassen müssen. Also die ersten drei Monate waren hart – waren für mich die Hölle."* (I5/Z 420)

- K4 – ersten drei Monate/Gedanken an Aufgabe

„Die ersten Monate waren extrem hektisch." (I4/Z 150) *„Da war ich eigentlich recht frustriert – dann sind Zweifel hochgekommen – ich habe mich gefragt, will ich mir das wirklich antun."* (I4/Z 182)

- K5 – ersten drei Monate/Überforderung

„Ich war so überfordert mit allem, was um mich vorgegangen ist." (I5/Z 158) *„Meine Rolle, meine Aufgabe haben mich sehr belastet und beschäftigt."* (I5/Z 161)

4.3.4 Selbst- und Fremdbild

Motivation

- K1 – Seiteneinsteiger

Die Motivationen, den Job zu übernehmen, sind bei K1 emotionaler gelagert als bei den restlichen Kandidaten, da man sofort hört, dass er diesen Job nicht so sehr als Sprungbrett bzw. als nächsten Schritt seiner Karriere sieht. *„Ich sah viel Potenzial, um erfolgreich zu werden, das war meine erste Motivation."* (I1/Z 31) *„Ein Unternehmen dann auch zum Wachstum zu bringen, ist sicher die Hauptmotivation."* (I1/Z 39)

- K2 – High Potential

K2 war zum Zeitpunkt der Entsendung bereits zwei Jahre im Projekt involviert und hat eine gewisse emotionale Bindung zur Sache selbst aufgebaut. Ihm lag der Erfolg am Herzen und so war er *„sehr motiviert, dass da was weitergeht."* (I2/Z 45) Auch für K2 war die Hauptmotivation, *„ein Unternehmen dann auch zum Wachstum zu bringen."* (I2/Z 48) Er sieht es *„aber auch als Chance, sich einfach persönlich und beruflich weiterzuentwickeln."* (I2/Z 50)

- K3 – High Potential

K3 übernimmt ein Projekt und die emotionale Bindung steht vorerst nicht so sehr im Vordergrund. Das Hauptmotiv für K3 ist, *„von* *der Geschäftsleitung das Vertrauen zu bekommen, [...] das war schon was sehr Besonderes."* (I3/Z 21) Als Nebenmotive werden *„Karrierechance"* (I3/Z 20), *„Sprache entwickeln"* (I3/Z 29), *„in einer anderen Kultur einmal Führungsaufgaben zu übernehmen"* (I3/Z 30) genannt.

- K4 – High Potential

Die Hauptmotivation für K4 ist *„im Unternehmen oder im Berufsleben allgemein vorwärtskommen"* (I4/Z 34). Als Nebenmotive nennt er *„die Führungsgeschichte"* (I4/Z 36), *„das Land"* [der Entsendung, Anm. Autor] (I4/Z 36) und *„weg sein von zu Hause"* (I4/Z 36). Darauf angesprochen, ob es finanzielle Beweggründe gab, antwortet er: *„Also, da waren keinerlei finanziellen Beweggründe mit dabei."* (I4/Z 46)

- K5 – High Potential

Die Hauptmotivation von K5 ist ähnlich jener von K4: *„An meiner beruflichen Karriere zu arbeiten, also einfach weiterzukommen, eine Perspektive zu haben."* (I5/Z 33) Die List der Nebenmotive ist ähnlich jener der anderen Kandidaten: *„das Land"* (I5/Z 34), *„die Sprache"* (I5/Z 40) und *„eine andere Kultur kennenzulernen."* (I5/Z 47) K5 ist der Einzige, der im Zuge der Antwort von sich aus zugibt *„auch ein bisschen den* *finanziellen Aspekt im Hinterkopf"* gehabt zu haben. (I5/Z 38)

Erwartungsklärung

Bei keinem Kandidaten wurden die Erwartungen mit allen beteiligten Personengruppen geklärt. Durch eine fehlende Vorinformation über den Istzustand mussten Zielvorgaben teilweise hingenommen werden, welche sich zu einem späteren Zeitpunkt als nicht realisierbar herausstellten.

- K1 – bezieht als Einziger den Kunden mit ein

„Kundenseitig war da sicherlich eine große Erwartung, [...] dass gewisse Stabilität ins Unternehmen kommt, dass gewisse Verbesserungen eingeführt werden." (I1/Z 226)

K1 gibt aber auch jedem Mitarbeiter die Gelegenheit, sich zur aktuellen Situation zu äußern: *„Ich hab da von jedem Einzelnen einen Brief verlangt, wie er sich momentan fühlt, was besser sein müsste."* (I1/Z 258)

- K2 – Widerspruch bei der Zielvorgabe

„*Also ich habe es (den Widerspruch, Anm. Autor) am Anfang schon angesprochen […] und es war dahingehend schon mit der Geschäftsleitung abgestimmt – in aller Deutlichkeit.*" (I2/Z 242)

- K3 – Mitarbeiter und Konzernleitung

K3 versuchte, die Erwartungen der Mitarbeiter zu erfragen: „*Ich habe mit jedem Mitarbeiter vor Ort 4-Augen-Gespräche geführt.*" (I3/Z 61) Sofort bemerkte er Konfliktpotenzial: „*Nichts einbringen wollen, auf nichts verzichten wollen.*" (I3/Z 63)

Die Erwartungsklärung mit der Konzernleitung schildert er als einseitige Erfahrung: „*Es ist schon zu einer gewissen Erwartungsvorgabe gekommen, aber eine Klärung und Diskussion über die Erwartungen ist es eigentlich nicht gewesen.*" (I3/Z 84)

- K4 – Zustand vor Ort unbekannt

K4 erhält von der Konzernleitung Vorgaben und nimmt diese uneingeschränkt an, unterschätzt jedoch die Tragweite: „*Ich hab das jetzt nicht so als große Mega-Herausforderung angesehen.*" (I4/Z 102) Ihm fehlte das Wissen über die Ausgangslage vor Ort, um die Vorgaben richtig zu beurteilen: „*Es war natürlich eine Herausforderung, weil ich den Zustand als solches nicht gekannt habe.*" (I4/Z 103)

- K5 – Fehlen der langfristigen Ausrichtung

Bei K5 wurde die Erwartungsklärung offenbar außen vor gelassen: *„Erwartungen sind nicht mit mir geteilt worden, weder vom Top Management noch vom mittleren Management."* (I5/Z 115)

K5 sieht das heute als Fehler der Konzernleitung, hat jedoch auch nicht aktiv das Gespräch zur Klärung der Erwartungen gesucht: *„Meiner Meinung nach ein Fehler, weil die große Richtung fehlt, das große Bild, wo soll sich das alles hinbewegen."* (I5/Z 126)

K5 erwähnt als Einziger Konflikte mit der Partnerin. *„Die Unzufriedenheit von meiner Partnerin war damals ein Riesenproblem."* (I5/Z 162) Offen bleibt, inwieweit K5 die gegenseitigen Erwartungen mit seiner Partnerin im Vorfeld geklärt hat.

4.3.5 Veränderungsprozess

<u>Zielvorgaben für Mitarbeiter</u>

- K1 – stufenweise Kommunikation

K1 schildert, wie er zuerst vor versammelter Mannschaft die Ziele definiert. Später führt er umfassende Gespräche in kleineren Gruppen und Einzelgespräche. *„Durch eine komplette Sitzung mit allen involviert und dann auch* *gruppenweise die Veröffentlichung von den Zielen."* (I1/Z 344)

- K2 – kurzfristige Ziele kommuniziert

K2 hat nur die kurzfristigen Ziele seinen Mitarbeitern kommuniziert und die langfristigen Ziele außen vor gelassen: *„Mit den neuen Leuten habe ich nicht so über langfristige Ziele geredet. Da haben wir einfach immer die kurzfristigen Ziele abgesteckt."* (I2/Z 251)

- K3 – keine Zeit zur Zieldefinition

K3 ist durch die Abwanderung von Schlüsselpersonen auf sich alleine gestellt und wird von der Tagesarbeit überrumpelt. So bleibt ihm keine Zeit für Zieldefinition und Kommunikation: *„Also ganz einfach gesagt, es war keine Zeit für Ziele da, geschweige denn dann kommunizieren."* (I3/Z 453)

- K4 – würde es heute anders machen

K4 hatte für sich selbst klare Ziele definiert, jedoch zweifelt er heute an der Qualität seiner Zielkommunikation: *„Also ich würde heute solche Ziele sicher anders kommunizieren an die Mitarbeiter, als ich es damals gemacht habe."* (I4/Z 305)

- K5 – nach einem Jahr Zeit für Ziele

K5 kämpft ähnlich wie K3 mit der überwältigenden Flut der Tagesarbeit: *„Es war einfach nur ständiges Aufräumen, ständiges mit*

Problemen überhäuft sein." (I5/Z 267) So gibt er an, dass es zu Beginn kein Ziele gab: *"Ziele in dem Sinn hat es im ersten Jahr keine gegeben."* (I5/Z 266) *"Nach einem guten Jahr habe ich angefangen, gewisse Ziele zu entwickeln."* (I5/Z 273) Die Weitergabe der Ziele an seine Mitarbeiter war jedoch *"schlecht"*. (I5/Z 276)

Veränderungsmanagement

- K1 – Veränderungen durch bildliche Sprache

Um seinen Mitarbeitern Veränderungen näherzubringen, verwendete K1 Beispiele aus dem Leben der Mitarbeiter: *"Ich habe uns wie ein Autohaus dargestellt. Du gehst in einen Schauraum von einem Autohaus, dann musst du beeindruckt sein."* (I1/Z 374)

- K2 – der Veränderung Zeit geben

K2 kennt die Probleme der Organisation und möchte diese schnell ändern: *"Du änderst Stück für Stück und drehst an vielen Schrauben"* (I2/Z 323) Rasch erkennt er, dass die Organisation mit seinen Veränderungen nicht mithalten kann und er sich selbst überholt: *"Du musst irgendwann einmal aufhören zu drehen, [...] das einmal eine Zeit lang laufen lassen, denn wenn du zu viele Sachen gleichzeitig veränderst, kennst du dich danach nicht mehr aus."* (I2/Z 325)

- K3 – Jeder war involviert

K3 gibt an, dass bei komplexen Projekten alle Mitarbeiter *„Notgedrungen"* (I3/Z 492) involviert werden mussten, um zum Ziel zu gelangen. *„Damals bei dreizehn Mitarbeitern mussten alle bei jeder kleinsten Veränderung im Grunde Bescheid wissen, damit das Rad funktioniert."* (I3/Z 496)

- K4 – Mitarbeiter vorher aufklären

K4 gibt an, dass er vor einer Veränderung seinem Team die *„Vorteile erklärt hat"* (I4/Z 386), damit sie die *„Entscheidung und diese Neuerung als positiv empfinden und mittragen."* (I4/Z 387)

Widerstand

Grundsätzlich haben alle Kandidaten im Laufe ihrer Entsendung Veränderungen durchgeführt und sind dabei durchwegs auf Widerstand gestoßen. Die Art und die Härte des Widerstandes werden jedoch in Abhängigkeit von der Art der Veränderung sowie vom Persönlichkeitsprofil des Mitarbeiters beeinflusst.

- K1 – Änderung verursacht Widerstand

K1 übernahm das Unternehmen, als dieses für einige Monate führungslos war. Widerstand war vorprogrammiert: *„Da gab es logischerweise viele, die dagegen waren."* (I1/Z 380) Viele Mitarbeiter erkannten den Weg zum Besseren, aber einige auch nicht: *„Ich habe sicherlich 2-3 Störenfriede gehabt, die sich nicht anpassen wollten."* (I1/Z 389) K1 ist überzeugt: *„Jede Änderung hat, denke ich, seine Widerstände."* (I1/Z 400)

- K2 – Grad des Widerstandes ist typabhängig

Auch K2 ist bei seinen Veränderungen auf Widerstand gestoßen, bestätigt allerdings die Erfahrung von K5 aus dem vorherigen Absatz, dass *„es einfach Leute gibt, die auf eine Veränderung gut reagieren und Leute, die Veränderungen hassen."* (I2/Z 342)

- K3 – Actio est Reactio

K3 hatte ebenfalls mit Widerstand zu kämpfen und bestätigt K1 und K5, indem er sagt, dass die Stärke des Widerstandes abhängt, *„je nachdem welche Veränderung und je nachdem wer der Mitarbeiter war."* (I3/Z 503)

- K4 – Lethargie der Mitarbeiter

K4 spricht nicht von Widerstand direkt, sondern beschreibt eine Art Lethargie seiner Mitarbeiter gegenüber Veränderung: *„Wenn ein Mechanismus funktioniert, dann sehen das* *schon viele Leute als gegeben an und erkennen dann neue Ziele nicht unbedingt gleich wie man selber."* (I4/Z 308)

- K5 – Veränderungs- und Persönlichkeitstypen

K5 diversifiziert Veränderung und bestätigt damit andere Kandidaten. Das Tempo und der Erfolg der Veränderung sind abhängig vom Umfang bzw. der Komplexität der Veränderung (I5/Z 296), den Mitarbeitertypen (I5/Z 303) und dem Führungsstil des Chefs selbst.

5 Diskussion

5.1 Zusammenfassung und Interpretation

5.1.1 Motivation

Alle fünf Kandidaten nennen als Hauptmotivation „Karriere machen" oder „Chance zur Weiterentwicklung". Als Nebenmotivationen werden „Sprache verbessern" und „Kultur erleben" erwähnt und lediglich ein Kandidat (K5) nennt von sich aus den „finanziellen Anreiz" als Motiv. Damit deckt sich der Trend dieser Umfrage mit anderen Umfrageergebnissen.

5.1.2 Erwartungen

Bei drei der fünf Kandidaten (K1, K2 u. K4) wurden die Erwartungen weitgehend geklärt, während dies bei den übrigen Kandidaten (K3, K5) überhaupt nicht der Fall. Bei keinem der fünf Kandidaten wurde eine „umfassende und vollständige" Erwartungsklärung, wie in der Theorie beschrieben, vollzogen und deckt sich damit mit Erkenntnissen der Umfragen aus der Vergangenheit.

5.1.3 Angangsanalyse

Laut Theorie ist die Ausgangsanalyse ein wichtiges Kriterium zum erfolgreichen Wechsel, jedoch nur ein Kandidat (K2) vermerkte, die Ausgangssituation eingehend analysiert zu haben. Es dürfte ihm seine Erfahrung mit Jobwechsel und seine Führungspraxis zugutegekommen sein. Die übrigen Kandidaten (K1, K3, K4 u. K5) gaben an, keine Analyse der Ist-Situation durchgeführt zu haben. Der Autor führt dies auf mangelnde Erfahrung und fehlendes Coaching durch den Mutterkonzern zurück.

5.1.4 Integration

Lediglich bei einem Kandidaten (K1) können die Voraussetzungen und Rahmenbedingungen zur Integration als optimal bezeichnet werden. Hier kam es zu einem schleichenden Übergang mit sehr langer Überlappungszeit, zeitlich klar abgetrennten Perioden sowie einem umfassenden Wissenstransfer.

Bei den restlichen Kandidaten fand a) kein Wissenstransfer statt, da kein Vorgänger mehr vorhanden war (K2, K4, K5) oder b) der Wissenstransfer erfolgte schleppend aufgrund mangelnder Kommunikation und falscher Aufgabenverteilung (K3).

Die Mehrzahl der Kandidaten (K3, K4, K5) hatte nach ihrer Übernahme mit hoher Personalfluktuation zu kämpfen, da vom Vorgänger nicht das entsprechende Veränderungsklima geschaffen oder das Team über den Führungswechsel im Dunkeln gelassen wurde (K3).

5.1.5 Ziellandschaft

Die Literatur beschreibt die Vorgabe von Zielen als die Essenz für Führungserfolg und trotzdem zeigen Umfragen, dass knapp die Hälfe aller Führungswechsler keine oder nur vage Zielvorgaben erhält.

Dieser Trend kann bestätigt werden, denn lediglich zwei Kandidaten (K1, K2) haben konkrete Ziele, ein Kandidat

(K4) hat vage Ziele und zwei Kandidaten (K3, K5) haben keine Ziele erhalten.

Zwei Kandidaten (K3, K5) gaben an, dass die fehlenden Ziele ihnen die Führungsarbeit erschwerten.

5.1.6 Veränderungen

Alle Kandidaten wollten zu Beginn ihrer Entsendung aufgrund ihres hohen Levels an Eigenmotivation die „Welt zerreißen" und zu viele Veränderungen gleichzeitig einleiten, ohne zuvor die Mitarbeiter darauf vorzubereiten und davon zu überzeugen. Einzig der Kandidat mit der größten Führungserfahrung (K2) hat das Tempo der Veränderung schnell an das der Mitarbeiter angepasst und so entscheidende Veränderungen rasch durchsetzen können.

Die restlichen Kandidaten (K1, K3, K4, K5) mussten zuerst mit heftigem Widerstand umgehen und haben erst mit zunehmender Führungserfahrung Veränderungen gezielt vorbereitet und imitiert. Dieser Lernprozess war wichtig, hat jedoch alle Beteiligen viel Zeit, Energie und Reibungsverluste gekostet, was durch konkrete Schulungen im Vorfeld hätte vermieden werden können.

5.1.7 Hilfestellung

Mutterkonzern

Die Unterstützung vom Mutterkonzern wird von einem Kandidaten (K2) als explizit „sehr gut" bezeichnet. Ein Kandidat (K3) bekommt gut gemeinte Unterstützung, jedoch zu wenig, um zwei Management-Levels mit einem Mal zu überspringen. Ein Kandidat (K4) wird mehr oder weniger „über Nacht" entsendet und es fehlt schlicht die Zeit, um ihm die nötige Unterstützung zu geben.

Zusammenfassend kann gesagt werden, dass es an strategischer Planung und standardisierten Abläufen mangelt, welche dafür sorgen, dass Entsendungen gleich ablaufen und jeder Expatriate mit einem einheitlichen Wissens- und Erfahrungs-Schatz die Entsendung antritt.

Vorgänger

Drei Kandidaten (K2, K4, K5) vollzogen den Führungswechsel aufgrund des unternehmerischen Ausnahmezustandes „Restrukturierung" und hatten keinen Vorgänger, der das dringend nötige Veränderungsklima hätte schaffen können oder für einen ganzheitlichen Wissenstransfer zur Verfügung gestanden wäre. Beide Faktoren sind lt. Theorie wichtig, um einen Führungswechsel erfolgreich zu gestalten und ein Fehlen beider Faktoren verlängert die Zeitspanne zum Erreichen des Break-Even-Points bzw. des maximalen Wirkungsgrades.

5.2 Beantwortung der Forschungsfragen

5.2.1 Forschungsfrage 1

Welche Begleitung und Unterstützung soll das Mutterunternehmen dem führungswechselnden Expatriates geben, um diesen gut auf die Führungsaufgabe und die schwierige Anfangsphase vorzubereiten?

Durch gezielte Personalentwicklung mit standardisiertem Karrierepfad können junge Kandidaten für Führungsaufgaben im Ausland herangezogen werden und so das Risiko des Versagens auf ein Minimum reduziert und Ad-hoc-Entsendungen ohne dementsprechende Vorbereitung verringert werden.

Die Konzernleitung kann durch Zeit für umfassende Erwartungsklärung und Definition einer präzisen Ziellandschaft entscheidend zum Erfolg einer Entsendung beitragen. Vor allem bei der Erwartungsklärung kann die Konzernleitung durch Einbeziehen der Partnerin einem möglichen Scheitern der Entsendung vorbeugen.

Durch das Bereitstellen von finanziellen Mitteln für nötige Schulungen, Workshops, Trainings-, aber auch Erkundungs- sowie Tatsachenfindungs-Reisen kann die Konzernleitung die Zeitspanne bis zum Break-Even-Point und dem Erreichen des maximalen Wirkungsgrades des Expatriates beeinflussen.

Großen Wert sollte die Konzernleitung auf die Komponente Kultur legen und einem Kulturschock durch gezielte Vorbereitung vorbeugen. Auch hier ist die Konzernleitung gut beraten auch der Partnerin und ggfs.

ebenso den Kindern die Chance zu geben, dem Kulturschock vorzubeugen.

Die Konzernleitung sollte der Komplexität des Auswanderns Tribut zollen und ein Auswanderungs-Service engagieren, welches den Expatriate beim Auflassen seines alten Haushaltes sowie bei der Neuetablierung des neuen Zuhauses und den diversen Formalitäten unterstützt.

Regelmäßige Treffen aller weltweit tätigen Geschäftsführer mit der Konzernleitung würden zu besserer Kommunikation beitragen.

5.2.2 Forschungsfrage 2

Welche Kriterien soll der Expatriate beachten, damit ein schnelles ‚Funktionieren' sowie ‚Anwachsen' vor Ort gefördert wird?

Durch die eingehende Analyse des Istzustandes kann ein Anforderungsprofil der zu besetzenden Position erstellt werden, welches nach Vergleich mit dem persönlichen Stärken-Schwächen-Profil die fehlenden Kompetenzen des Kandidaten zeigt.

Aus den Defiziten kann ein persönlicher Schulungsplan erstellt werden, um diese Defizite auszugleichen. Ein hohes Maß an Eigeninitiative ist gefragt, um meist außerhalb der Arbeitszeit an der Umsetzung des Maßnahmenplanes zu arbeiten.

Der Expatriate soll aktiv nach der Erwartungsklärung fragen und die Ziellandschaft für seine Entsendungsperiode einfordern. Es ist in seinem Interesse zu erfahren, an welchen Kriterien er gemessen wird und ab wann die Entsendung in den Augen der Konzernleitung als Erfolg gewertet wird.

Der Expatriate soll sich fortwährend um eine offene Kommunikation mit dem Vorgänger bemühen, um den Informationsfluss aufrechtzuerhalten, den Wissenstransfer bestmöglich zu gestalten, früh an Entscheidungen teilhaben zu können, wodurch ein Vertrauensverhältnis entsteht.

5.2.3 Forschungsfrage 3

Welche Handlungsempfehlungen können dem Vorgänger geboten werden, um den Wissenstransfer bestmöglich zu gestalten und das Team vor Ort auf den neuen Geschäftsführer vorzubereiten?

Der Vorgänger kann mit dem Erstellen eines möglichst realistischen Bildes zur aktuellen Businesssituation sehr zum schnellen Anwachsen des Expatriates beitragen. Verfälschte oder beschönigte Tatsachen, die sich später anders darstellen, werden schnell zu Fallstricken für den Expatriate.

Der Vorgänger soll rechtzeitig damit beginnen, für ein entsprechendes Veränderungsklima in seinem Team zu sorgen, um die Mitarbeiter vorzubereiten, ihnen die Angst vor dem Wechsel zu nehmen und so entscheidend einer Abwanderung von Schlüsselmitarbeitern vorbeugen.

Ein umfassender Wissenstransfer spielt ebenfalls eine essenzielle Rolle, damit sich der Expatriate schnell in seiner neuen Rolle zurechtfindet. Gute Vorbereitung des Wissenstransfers ist wichtig, um nichts zu übersehen oder zu vergessen, und so wird dem Vorgänger empfohlen, rechtzeitig mit dem Führen einer Checkliste und einer What-to-teach-Liste zu beginnen.

Aufzeichnungen über Schlüsselkunden und Lieferanten mit Informationen über Konditionen, Spezialvereinbarungen und Insiderwissen lassen den Expatriate nahtlos an seinen Nachfolger anknüpfen und kreieren ein professionelles Bild gegenüber diesen externen Schnittstellen.

Als weiterer Teil des Wissenstransfers kann der Vorgänger durch eine Aufstellung von Altlasten (Reklamationen, technische Mängel, vorbelastete Beziehungen, Gerichtsfälle etc.) dafür sorgen, dass er Expatriates vorbereitet und überlegt die Themen angeht, anstatt davon überrumpelt zu werden.

Zuletzt die Empfehlung an den Vorgänger, die Entscheidungsgewalt rechtzeitig, eindeutig und nachhaltig an den Expatriate zu übergeben und nach der Übergabe nur mehr begleitend und beratend dem Expatriate zur Seite zu stehen.

5.3 Handlungsempfehlungen

5.3.1 Sicht Expatriate zum erfolgreichen Wechsel

5.3.1.1 Vor-Eintritts-Phase

Die im Folgenden beschriebenen Handlungsempfehlungen beziehen sich auf die Zeit vor der Entsendung und sollen dem Kandidaten bei der Entscheidung helfen, die neue Position anzunehmen und in weiterer Folge mögliche Kompetenz-Defizite rechtzeitig zu erkennen sowie entsprechend gegenzusteuern.

Analyse

Dem Expatriate wird empfohlen, eine umfassende Ausgangsanalyse der zu übernehmenden Position bzw. Tochterfirma (u.a. der Businesssituation, Schlüsselmitarbeiter, Unternehmenskultur, Innovationspotenzial) und den dafür benötigten Schlüsselkompetenzen durchzuführen. Die Analyse soll durch Gespräche mit dem Mittleren-Management, der Konzernleitung, Repatriates (soweit vorhanden) sowie der abzulösenden Führungskraft (sofern möglich) erfolgen, um möglichst detailliert und facettenreich zu sein. Eine einseitige Färbung der Anforderungen wird durch diese Vorgehensweise minimiert.

Anforderungsprofil

Die Ausgangsanalyse soll die Basis bilden, um ein Anforderungsprofil zur jeweiligen Position unter Berücksichtigung des Umfeldes (Sprache, Kultur, Managementlevel, Businesssituation) zu erstellen. Ziel soll es sein, ein Soll-Profil bzw. einen Kompetenzkatalog für die optimale Besetzung der Position zu erhalten.

Stärken-Schwächen-Profil

Als nächsten Schritt wird empfohlen, sich sein eigenes Stärken-Schwächen-Profil zu erstellen und mit dem oben beschriebenen Anforderungsprofil zu vergleichen. Das Erstellen eines Stärken-Schwächen-Profils erfordert eine ehrliche Selbsteinschätzung und es wird empfohlen, das Gespräch mit Dritten (z.b. Vorgesetzten, Mentor) zu suchen, um deren Sichtweisen einfließen zu lassen. Auch das Erstellen eines Persönlichkeitsprofils durch einen außenstehenden Berater kann hilfreich sein, das Selbstbild zu vervollständigen.

Weichen die Anforderungen vom eigenen Profil bei Kompetenzen ab, welche nicht durch Training und Schulung kurzfristig ausgeglichen werden können, dann wird empfohlen, die Entsendung von Grund auf zu überdenken oder möglicherweise das Angebot der Entsendung abzulehnen.

Erwartungsklärung

Jedem Expatriate wird empfohlen, eine vollständige und fortwährende Erwartungsklärung vorzunehmen. Vor allem jungen Managern wird geraten, diesen Prozess nicht als „Schwäche" zu verstehen. Managern mit Familie wird geraten, sich eingehend mit den Gefühlen, Hoffnungen und Ängsten aller Familienmitglieder zu befassen.

Die fortlaufende Klärung der Erwartungen verlangt vom Expatriate, dass er sich auch während der gesamten Entsendungsdauer die Zeit nimmt und die Geduld aufbringt, um mit allen betroffenen Personengruppen (z.B. Konzernleitung, Mitarbeiter, Ehefrau etc.) Gespräche zum Thema Erwartungen zu führen.

Erkundungsreise

Abhängig davon, in welches Land bzw. Kulturkreis die Entsendung des Expatriates führt, ist mindestens eine Erkundungsreise, ein sogenannter ‚Look-and-See'-Trip zu

empfehlen, um das Bild über das Entsendungsland zu schärfen. Die Anzahl und der Umfang der ‚Look-and-See'-Reisen sollen steigen, je fremder bzw. exotischer die Kultur (Dritte-Welt, Entwicklungsländer) bzw. je komplexer das Sozialgefüge des Expatriates ist (Partnerschaft, Familie, Kinder).
In Anbetracht der Work-Life-Balance soll die Erkundungsreise nicht nur zum Kennenlernen von geschäftlichen Rahmenbedingungen dienen, sondern ebenso, um zu prüfen, ob die aktuelle Freizeitgestaltung im Entsendungsland möglich ist.

Sprachkompetenz

Dem Expatriat wird empfohlen, seine sprachlichen Fähigkeiten möglichst sachlich und wertneutral zu evaluieren. Um eine möglichst kritische Beurteilung über das Niveau der sprachlichen Fähigkeiten zu erhalten, wird dem Kandidaten angeraten, Hilfe durch Dritte in Anspruch zu nehmen. Werden Defizite festgestellt, müssen diese rechtzeitig durch Sprachkurse entschärft werden.
Die Bildung der sprachlichen Kompetenz darf nicht einseitig erfolgen, sondern muss einerseits alle Aspekte der Personalführung und andererseits branchenspezifisches Vokabular umfassen. Der Expatriate sei an dieser Stelle gewarnt, dass ein überdurchschnittlich hohes Maß an Eigeninitiative nötig sein wird, um sprachliche Defizite auszugleichen.

Führungskompetenz

Dem Expatriate wird dringend empfohlen, sein momentanes Managementlevel zu bestimmen und zu beurteilen, wie viele Levels er überspringen muss, um der neue Position gerecht zu werden. Es wird dringend davon abgeraten, mehr als zwei Managementlevels zu übergehen.

Befindet sich der Kandidat auf Level 1 – Sachbearbeiter, dh. bisher keine Führungserfahrung, wird empfohlen, ihm vor Übernahme der neuen Position die Gelegenheit zum Sammeln von Führungspraxis zu geben.

Abhängig davon, auf welcher Stufe der Managementlevel-Leiter sich der Kandidat befindet, wird zum Besuch eines Management-Kurses geraten, um Instrumente wie Zeitmanagement, richtiges Delegieren, Einteilen in ABC-Aufgaben, Konfliktmanagement etc. in der Theorie zu erlernen.

Erfolgsnotwendige Kompetenzen

Der Abgleich zwischen dem erstellten Anforderungsprofil der Position und der Stärken-Schwächen-Analyse der eigenen Person soll helfen, Defizite bei weiteren erfolgsnotwendigen Kompetenzen als mögliche Fallstricke zu enttarnen. Entscheidend ist freilich das Erkennen der Defizite, aber ebenso wichtig ist das rechtzeitige Einleiten von Maßnahmen, um entsprechend gegenzusteuern. Meist fehlt es dem Management an Zeit, um sich über diesen Kompetenz-Entwicklungsplan Gedanken zu machen. Daher wird dem Expatriat empfohlen, sich aktiv in die Gestaltung seines Schulungsplanes zu involvieren, indem er diplomatisch Schulung und Hilfestellung durch Einbringen von konkreten Vorschlägen fordert.

Vorgänger

Eine gute Beziehung zum Vorgänger ist ein wichtiges Puzzlestück, um dessen Position erfolgreich zu übernehmen.

Die Vorbereitung des Teams vor Ort wird durch den Vorgänger betrieben und je besser das Team auf die bevorstehende Veränderung eingestellt ist, umso leichter wird dem Expatriate die Integration fallen.

Der Wissenstransfer sollte bereits in dieser Phase erfolgen, um die Fülle an Informationen in kleinen Dosen zu erhalten und besser verarbeiten zu können. Es wird daher empfohlen, regen und ständigen Kontakt mit dem Vorgänger zu halten.

5.3.1.2 Eintrittsphase

Die im folgenden Abschnitt beschriebenen Handlungsempfehlungen sollen dem Expatriate beim erfolgreichen Einstieg in die neue Position helfen und die Integration in das neue betriebliche Umfeld erleichtern.

Erster Tag

Das erste Treffen mit dem Team ist besonders wichtig und die Gestaltung hängt stark von der Vorarbeit des Vorgängers sowie der jeweiligen Landeskultur ab. Eine Absprache über das Programm des ersten Tages mit dem Vorgänger ist unbedingt notwendig, um Überraschungen weitgehend zu vermeiden.

Eine gute mentale Vorbereitung durch Visualisierung auf das bevorstehende Treffen mit dem zukünftigen Team ist empfehlenswert, denn es gibt keine zweite Chance auf einen ersten Eindruck.

Analyse

Die ersten Tage und Wochen soll der Expatriate intensiv dazu verwenden, um Prozesse kennenzulernen, zu analysieren und zu hinterfragen, Schlüsselpersonen zu identifizieren sowie die Unternehmenskultur zu verstehen.

Beziehungsnetzwerk

Dem Expatriate wird empfohlen, sofort mit dem Aufbau eines Beziehungsnetzwerkes zu beginnen, vor allem mit den in der Analysephase identifizierten Schlüsselpersonen.

Es wird geraten, nicht nur an der betrieblichen Beziehung, sondern ebenso an der einer menschlichen- und emotionalen Beziehung zu arbeiten. Hier empfehlen sich Gruppenveranstaltungen und die Durchführung von Teambuilding-Seminaren.

Ziellandschaft

Ein Team ohne Ziel weiß nicht, in welche Richtung es läuft und wird sich zerstreuen, verlieren sowie an Schlagkraft verlieren.

Dem Erarbeiten einer für alle Teammitglieder verständlichen Ziellandschaft muss höchste Priorität beigemessen werden, um die Richtung vorzugeben und das Team auf Veränderungen einzustimmen.

Veränderungen

Es werden Veränderungen nötig sein, um die gesteckten Ziele zu erreichen. Widerstand ist vorprogrammiert und daher wird dem Expatriat empfohlen, die Mitarbeiter auf Veränderung vorzubereiten, indem sie von der

Notwendigkeit und Sinnhaftigkeit überzeugt sind. Überdies wird geraten, die Anzahl der Veränderungen überschaubar zu halten und ihnen Zeit zum Wirken zu geben.

Symbole und Rituale

Um Mitarbeiter nicht vollständig zu überfordern, vor den Kopf zu stoßen und ein Verlassen des Unternehmens zu riskieren, wird von einem sofortigen und abrupten Ändern von z.B. Inventar oder Wechsel von Gewohnheiten abgeraten. Viele Mitarbeiter brauchen Zeit, um sich vom bisherigen Chef zu verabschieden. Gewissermaßen trauern sie um ihn und so ist ein taktvolles Vorgehen ratsam.

5.3.2 Sicht Unternehmen zum erfolgreichen Wechsel

5.3.2.1 Vor-Eintritts-Phase

Die im folgenden Abschnitt beschriebenen Handlungsempfehlungen beziehen sich auf das Unternehmen, für welches der Autor arbeitet, sowie auf die Vor-Eintritts-Phase der Entsendung.

Personalentwicklung

Dem Unternehmen wird empfohlen, bei der Personalentwicklung bzw. Suche gezielt auf High Potentials zu achten, mit dem langfristigen Ziel, diese für Führungsaufgaben auszubilden. Dementsprechende Mitarbeitersuche, Anpassung der Auswahlpraxis sowie das Erstellen von Persönlichkeitsprofil und Stärken-

Schwächen Analyse sollten zu standardisierten Eckpfeiler werden.

Um junge High Potentials auf Auslandsaufenthalte vorzubereiten, wird empfohlen, sie mit Führungsaufgaben von kleinen Teams zu betrauen, lange bevor sie für eine Entsendung infrage kommen. Dadurch wird ein Sprungs ins kalte Wasser bzw. das Überspringen von zu vielen Management-Levels ohne gezielte Vorbereitung vermieden.

Gezielte Personalplanung verhindert Ad-hoc-Entscheidungen und Personalengpässe, die eine umfassende Vorbereitung verhindern. Dem Unternehmen wird empfohlen, mit einer durchschnittlichen Vorbereitungszeit von 6 bis 10 Monaten vor der Entsendung zu rechnen, in Abhängigkeit vom Entsendungsland, vom Management-Level des Kandidaten, der Business-Situation der Tochterfirma vor Ort sowie dem Grad der Abweichung vom Anforderungsprofil und den Schwächen des Kandidaten.

Erwartungsklärung und Zieldefinition

Der Erwartungsklärung und Zieldefinition kommt ganz wesentliche Bedeutung zu, um den Wechsel des Kandidaten zu einer Erfolgsgeschichte werden zu lassen.

<u>Faktor Zeit</u>

Dem Top-Management muss klar sein, dass es Zeit schaffen muss, um sich mit dem Kandidaten bezüglich Erwartungs- und Zielabsprache auseinanderzusetzen.

Neben der Definition einer erfolgreichen Entsendung mit Zwischenzielen und Meilensteinen ist ebenso Zeit zum Schnüren eins entsprechenden Entlohnungspaketes und diverse firmeninterne Formalitäten zu reservieren.

Die Unternehmensleitung muss die Komplexität der Veränderung im Leben des Mitarbeiters respektieren, indem sie ihm Zeit für klärende Gespräche zugesteht.

Analyse

Um dem Expatriate eine entsprechende Ziellandschaft präsentieren zu können, wird der Konzernleitung empfohlen, das Gespräch mit dem Geschäftsführer vor Ort zu suchen, um gemeinsam mit ihm eine Analyse der Business-Situation vorzunehmen.

Empfehlenswert wäre auch, wenn bei der Präsentation der Ziellandschaft der Vorgänger zugegen wäre, um durch zusätzliches Insiderwissen und Argumentation die Wichtigkeit und Bedeutung von Haupt- und Nebenzielen untermauern zu können.

Erfahrungsaustausch

Dem Unternehmen wird empfohlen, regelmäßige (evtl. halbjährliche) Gesprächsrunden mit allen weltweit tätigen Geschäftsführern ins Leben zu rufen.
Einerseits bietet diese der Konzernleitung eine einmalige Gelegenheit, um den Kontakt zu pflegen und auf Probleme und Wünsche der Gruppe einzugehen und andererseits würde es zukünftigen High Potentials die Möglichkeit geben, in die Erfahrungswelt anderer

Geschäftsführer einzutauchen und das Gespräch zum Erfahrungsaustausch zu ermöglichen.

Vorstellung

Werden sich das Unternehmen und der Mitarbeiter über eine Entsendung einig, so ist eine offizielle Vorstellung der Konzernleitung sowie den restlichen Mitarbeitern gegenüber zu empfehlen. Hier ist jedoch auf die Reihenfolge der Bekanntmachung gegenüber einzelnen Mitarbeiter-Gruppen zu achten, um nicht Mitarbeiter oder Mitglieder der Konzernleitung vor den Kopf zu stoßen.

Analyse

Um ein schnelles Anwachsen des Expatriates zu ermöglichen, muss ihm das nötige Werkzeug gegeben werden. An welchem Werkzeug es ihm fehlt, soll der Vergleich zwischen Anforderungsprofil und Stärken-Schwächen Analyse zeigen. Es sollte im Interesse der Konzernleitung sein, diesen Abgleich so zeitnah wie möglich zu erhalten, um entsprechende Maßnahmen zeitgerecht einleiten zu können.

Kompetenzen

Fehlt es dem Kandidaten an erfolgswirksamen Kompetenzen, müssen die nötigen finanziellen Mittel bzw. Ressourcen von der Konzernleitung frei gegeben werden, um durch Sprachkurse, Produktschulungen, Management-Kurse etc. Kompetenz-Mängel auszugleichen.

Erkundungsreise

Dem Unternehmen wird empfohlen, dem Expatriate die Möglichkeit zu bieten, mindestens eine Erkundungsreise durchzuführen. Weitere Reisen werden empfohlen in Abhängigkeit von der Komplexität der Landeskultur und der sozialen Situation des Expatriates.

Eine gute Möglichkeit, die Kosten-Nutzen von Erkundungsreisen in Balance zu halten, sind Reisen zur Tatsachenfindung (Fact-finding-mission).

Veränderungsklima

<u>Vor Ort</u>

Der Konzernleitung wird empfohlen, dem Team vor Ort rechtzeitig Signale zu geben und auf den Wechsel vorzubereiten, es nicht vor vollendete Tatsachen zu stellen und die Fakten des bevorstehenden Führungswechsels nicht zu verzerren. Empfehlenswert wäre ein Besuch der Tochterfirma durch die Konzernleitung, um den Führungswechsel anzukündigen, Werbung für den Expatriate zu machen und sich Zeit für Gespräche mit den Mitarbeitern vor Ort zu nehmen.

<u>Partnerin u. Familie</u>

Wünschenswert wäre, wenn sowohl die Partnerin und/oder Familie in viele vorbereitende Gespräche mit einbezogen werden würden. Damit werden homogene Erwartungen und ein einheitliches Bild der bevorstehenden Veränderung geschaffen.

Work-Life-Balance

Das Unternehmen wäre gut beraten, seinen Expatriate einen Work-Life-Balance-Coach für die Zeit vor und nach der Entsendung zur Verfügung zu stellen. Dieser soll ihn und seine Familie während der Zeit der Vorbereitung auf die Entsendung, aber auch bei der Rückkehr und Wiedereingliederung in sozialen Fragen zur Seite stehen. Es soll mit dem Coach über die Wichtigkeit der Freizeitgestaltung gesprochen und so erreicht werden, dass der Expatriate während seiner Erkundungsreisen nach Möglichkeiten Ausschau hält, seinen Hobbies nachzugehen.

Formalitäten

Die Flut an organisatorischen Erledigungen vor einer Entsendung kann überwältigend sein. Dem Unternehmen wird geraten, dem Expatriate Spezialisten zur Unterstützung bei der Vorbereitung der Formalitäten zur Auswanderung (z.B. Visum), Übersiedelung, Wohnungssuche, Kontakte vor Ort etc. zur Seite zu stellen.

Akkulturation

Um dem Kulturschock vorzubeugen, wird empfohlen, dem Kandidaten im Vorfeld der Entsendung die Muster der jeweiligen Kultur näherzubringen. Diese Empfehlung gilt nicht nur für den Kandidaten selbst, sondern falls vorhanden, ebenso für seine Familie. Sämtliche kulturbezogenen Maßnahmen müssen die Familie des Expatriates mit einschließen.

Entscheidend ist es, dem Kandidaten die Natürlichkeit der „W-Kurven-Akkulturation" immer wieder ins Bewusstsein zu bringen. So erfährt er die Phase der Akkulturation aktiv und er kann seine kulturelle Anpassung bewusst mitverfolgen. Die neue Kultur wird zum Erlebnis anstelle zum Schock.

In Kultur-Workshops sollen dem Kandidaten Tipps im Umgang mit der Kultur, sowie Instrumente (diverse Kultur-Tests) zum Ausloten der Grenzen und Gepflogenheiten gegeben werden.

Mentor

Das Unternehmen betreibt heute kein Mentoren-Programm und bietet damit dem Expatriate keine Möglichkeit, sich andere Perspektiven zu geschäftlichen Problemstellungen von professionellen und erfahrenen Persönlichkeiten geben zu lassen. Der Autor schätzt das Potenzial eines erfahrenen und nicht betriebsblinden Gesprächspartners zur Diskussion von Ideen und aktuellen Problemen als grenzenlos ein und empfiehlt dem Unternehmen daher dringend, Überlegungen in Richtung eines Mentoren-Programmes anzustellen.

5.3.2.2 Eintrittsphase

Die im folgenden Abschnitt beschriebenen Handlungsempfehlungen beziehen sich auf das Unternehmen, für welches der Autor arbeitet, sowie auf die Eintritts-Phase der Entsendung.

Erster Tag

Der Beitrag der Konzernleitung zu einem erfolgreichen ersten Tag des Expatriates könnte es sein, einen hochrangigen Vertreter der Konzernleitung vor Ort zu haben und die offizielle Vorstellung dem Team gegenüber vorzunehmen.

Übergangszeit mit Vorgänger

Um einen möglichst umfassenden Wissenstransfer zu erlauben, wird dem Unternehmen empfohlen, eine sechsmonatige Überlappung von Eintritts- und Austrittszeit zu erlauben. Der Vorgänger sollte sich etwa nach der Hälfte der Zeit aus dem operativen Geschäft zurückziehen und die zweite Hälfte der sechsmonatigen Überlappung in begleitender und beratender Funktion tätig sein. Die Entscheidungsgewalt und die Führung des operativen Geschäfts obliegen jedoch bereits dem Expatriate.

5.3.2.3 Rückkehr

Gemäß der Theorie des „W-Kurven-Kultur"-Modells mit der letzten Phase „Eigenkultur-Schock" wird dem Mutterkonzern empfohlen, ein Programm zur Rückkehr des Expatriates auszuarbeiten, um die Wiedereingliederung in Landes- sowie Unternehmenskultur bestmöglich zu begleiten.

5.3.3 Sicht Vorgänger

5.3.3.1 Vor-Eintritts-Phase

Anforderungsprofil

Dem Vorgänger wird empfohlen, dem Expatriate Hilfestellung beim Erstellen des Anforderungsprofiles für seine Position zu leisten.

Analyse Businesssituation

Der Vorgänger soll gemeinsam mit der Konzernleitung eine präzise Analyse der aktuellen Businesssituation erstellen.

Ziellandschaft

Der Vorgänger soll gemeinsam mit der Konzernleitung die Ziellandschaft für den Expatriate erarbeiten und wenn möglich bei der Präsentation und Diskussion selbiger anwesend sein.

Erfahrungsaustausch

Der Vorgänger soll an der gewünschten Gesprächsrunde aller weltweit tätigen Geschäftsführer teilnehmen und dabei das Gespräch mit dem Expatriate suchen, um einen Gedankenaustausch unter Gleichgesinnten zu ermöglichen. Der Expatriate soll vom Vorgänger erfahren, welche Fehler er heute nicht mehr machen würde. Selbstverständlich tragen diese Treffen und Gespräche dazu bei, ein Veränderungsklima bezüglich des Führungswechsels zu schaffen.

Team vorbereiten

Dem Vorgänger wird empfohlen, sein Team vor Ort auf den kommenden Führungswechsel vorzubereiten. Es gilt, den Mitarbeitern die Angst vor dem Unbekannten zu nehmen und Fragen wie „wer ist er, der da kommt, was sind seine Stärken, seine Geschichte mit dem Unternehmen, welche Erfahrungen hat er gesammelt etc." vorweg zu beantworten, um auch so ganz entscheidend positiv zum Veränderungsklima beizutragen.

Wissenstransfer

Um dem Expatriate ehestmöglich zum höchsten Wirkungsgrad zu verhelfen, wird dem Vorgänger empfohlen, die offene und häufige Kommunikation zu fördern und den Expatriate in die Entwicklungen miteinbeziehen, ihn über Entscheidungen zu informieren und ihm erklären, weshalb er so entschieden hat.
Um bei der Übergabe nichts zu vergessen, wird empfohlen, im Vorfeld eine Art Checkliste aufzustellen. Eine Erweiterung dieser Checkliste sollte der What-to-teach-Leitfaden sein. Beide Listen sollten in ein Übergabeprotokoll münden, um später nachvollziehbar zu machen, was geschult und übergeben wurde.
Folgende Dokumentation sollte der Vorgänger für den Wissenstransfer vorbereiten: eine Liste der Schlüssel-Personen und Lieferanten, Key-Account-Kunden und einen Steckbrief zu jedem Team-Mitglied, um schnelle Orientierungshilfe zu geben. Um Zeit zu sparen, sollte ein Termin zur Vorstellung der oben genannten Personen arrangiert und mit Lieferanten ein zusätzlicher Besprechungstermin zu einem späteren Zeitpunkt vereinbart werden.
Der Vorgänger sollte überdies eine Liste über Altlasten (offene Problemfälle, Kundenreklamationen, laufende- bzw. anbahnende Gerichtsfälle etc.) vorbereiten, um dem

Expatriate auch diesbezüglich einen schnellen Überblick geben zu können.

5.3.3.2 Eintrittsphase

Die im folgenden Abschnitt beschriebenen Handlungsempfehlungen beziehen sich auf den Vorgänger sowie auf die Eintritts-Phase der Entsendung.

Erster Tag

Für den Tag der Vorstellung des Nachfolgers sollte der Vorgänger darauf achten, keine Termine zu haben. Der Tag gehört dem Expatriate, der all die moralische Unterstützung des Vorgängers dringend benötigen wird. Der Vorgänger sollte eine ordentliche Einführung beim Team mit Vorstellung vorbereiten und diese wenn möglich gemeinsam mit einem Vertreter der Konzernleitung durchführen.

Vorstellrunde

Dem Vorgänger wird empfohlen, bei der ersten Besprechungsrunde zwischen dem Expatriate und den leitenden Angestellten der Tochterfirma dabei zu sein und das Gespräch zu begleiten.

Ablauf

Es ist dem Vorgänger zu empfehlen, von Beginn an eine klare zeitliche Abgrenzung an das Team zu kommunizieren, ab wann der Expatriate Entscheidungen treffen und das operative Geschäft führen wird.

Diese Empfehlung setzt voraus, dass der Vorgänger mit dem Konzept konform geht, dass seine Aufgabe während der zweiten Hälfte der überlappenden Periode jene eines Beraters sein wird.

Wissenstransfer

Der Vorgänger muss sich vornehmen, die nötige Zeit für den Wissenstransfer aufzuwenden und den Expatriate aktiv zum Lernen zu animieren und auch zu fordern. Da er sich in den letzten Zügen seiner Entsendung befindet, sind für diese Phase der Entsendung noch einmal Konzentration und ein hohes Maß an Motivation gefordert.

Lieferanten

Wissen zu transferieren ist leichter als menschliche Beziehungen, daher sollte dieser Teil der Übergabe nicht unberücksichtigt bleiben. Hilfreich wäre es hier, After-Work-Treffen mit den wichtigsten Lieferanten zu arrangieren, um ein Kennenlernen des Expatriates durch den Lieferanten zu erleichtern. In separaten und förmlichen Besprechungen kann in der Folge der aktuelle Stand der Zusammenarbeit besprochen werden. Auch den Lieferanten gegenüber ist ein klarer Zeitrahmen zu geben, ab wann der Expatriate die alleinige Ansprechperson für Preise und Konditionen sein wird.

Abschied nehmen

Zuletzt sei erwähnt, dass der wohl wichtigste Beitrag des Vorgängers jener des Abschiednehmens ist. Der Vorgänger muss sich bewusst werden, dass die Zeit des

Loslassens gekommen ist, er sich zurückziehen und nun die Rolle des Beraters übernehmen soll.

Die Übergabe des Zepters der Verantwortung sollte zelebriert und damit dem Team gegenüber ein Zeichen gesetzt werden.

5.4 Kritische Reflexion

5.4.1 Angemessenheit

Der Autor entscheidet sich aufgrund der geringen Anzahl von Interviews für die Methode der qualitativen Forschung. Dem Autor erscheint das qualitative Interview im Vergleich zu einer standardisierten Erhebungs- und Auswertungs-Methode mittels Fragebogen als Erhebungsinstrument bei fünf Interviews als angemessen.

Der Leitfragenkatalog mit zehn Haupt- und entsprechenden Unterfragen beinhaltet einfache Fragen zum Thema Motivation, Teamintegration, Erfolgs- und Misserfolgskriterien bei einem Führungswechsel sowie Erwartungen und Zielsetzung. Die Fragen wurden offen gestaltet, um den Redefluss des Interviewten zu fördern und jegliche Beeinflussung vonseiten des Interviewers zu vermeiden. Der Autor empfand die Anzahl der Haupt- sowie Unterfragen als angebracht und sinnvoll.

5.4.2 Methodenauswahl

Als Erhebungsmethode erachtet der Autor das teil-standardisierte Interview als absolut angemessen in Anbetracht der geringen Stichprobenanzahl, aber auch aufgrund der Möglichkeit, durch das zurückhaltende

Verhalten des Interviewers einen tieferen Einblick in die Gefühlswelt des Befragten sowie dessen Führungsalltag zu erhalten. Weiters trat aufgrund der offenen Fragengestaltung und Reduktion der Vorgaben auf ein Minimum die persönliche Erfahrung der Interviewten gut zum Vorschein.

Als Auswertungsverfahren entschied sich der Autor für die Methode des zirkulären Dekonstruierens. Der Autor folgte systematisch dem Auswertungsleitfaden nach Jaeggi und erstellte in der ersten Auswertungsphase eine Stichwortliste, einen Themenkatalog, eine Zusammenfassung, das Motto, die Paraphrasierung und zentrale Kategorien je Interview.

Dieser Prozess der Reduktion des Textes auf zentrale Kategorien war gleichermaßen aufwendig wie ungewohnt. Der Autor hatte Probleme beim Finden der zentralen Kategorien. Trotzdem ist der Autor überzeugt, dass es mit dem zirkulären Dekonstruieren möglich ist, objektiv an die Auswertung des Themas heranzugehen und es dem Vorurteil, dass die Auswertung rein subjektiv ist, entgegenwirkt.

Der Autor hat versucht, sowohl angemessene Transparenz als auch Dokumentation während des gesamten Auswertungsprozesses zu wahren.

5.4.3 Transkription

Um Zeit zu sparen, hat der Autor die Transkription an Dritte vergeben. Dies ermöglichte es dem Autor, an der Arbeit zu schreiben während die Transkription parallel durchgeführt wurde. Der Autor erkannte erst bei der

Kontrolle der Transkription, dass sowohl der Dialekt als auch die Begriffswelt des Unternehmens für eine dritte Person oft schwer verständlich sind. Die Korrektur der Transkription gestaltete sich daher zeitaufwendig, da Worte bzw. Passagen ergänzt bzw. neu geschrieben werden mussten. Müsste der Autor noch einmal wählen zwischen der Weitergabe an Dritte oder die Transkription selbst vorzunehmen, würde er sich wieder für die Inanspruchnahme eines Dienstleisters entscheiden.

Nach der Korrektur der ursprünglichen Transkription durch den Autor wurde aus einem Konstrukt von Dialekt, Satz-Anfängen und Abbrüchen, und unter Berücksichtigung von Transkriptionsregeln, ein angemessener Interviewtext verfasst, der die Nachvollziehbarkeit des Interviews für Außenstehende ermöglicht. Pausen, Satzabbrüche und schwer Verständliches wurde entsprechend gekennzeichnet, wodurch der Text leichter lesbar und die Interpretation möglich wurde.

5.4.4 Sampling

Aufgrund dessen, dass dem Autor keine unbegrenzte Zahl an Stichproben mit den gleichen Voraussetzungen (Homogenes Sample) zur Auswahl stand, ergab sich keine andere Möglichkeit, als nach dem ‚Heterogenen Sampling' die Interviewpartner auszuwählen.[214]

Es wurden vom Autor fünf (5) Interviewpersonen ausgewählt, die zum selben Thema und Fragenkatalog

---

[214] Beitrag auf Wikipedia, Sampling, Link: http://www.pflegewiki.de/wiki/Samplingverfahren_der_qualitativen_Forschung, am 28.04.2013

Stellung nahmen. Die Interview-Kandidaten haben teils unterschiedliche Ausgangssituationen, weshalb die Vergleichbarkeit etwas hinkt. Gerade in der Suche nach abweichenden (kontrastierenden) Fällen und deren maximierende Wirkung sah der Autor die Chance, übergreifende und allgemein gültige Schlüsse zu erforschen. Aus diesem Grund befand der Autor die Untersuchungsfälle für die Beantwortung der Forschungsfragen als sinnvoll.

Der Autor räumt jedoch an dieser Stelle ein, dass einerseits eine erweiterte Anzahl an Untersuchungsfällen mit selber Basis und Rahmenbedingungen sowie der Vergleich von Führungskräfte-Wechsel in anderen Unternehmen die Bandbreite an Sichtweisen erhöhen würde. Mit steigendem Blickwinkel zum Thema würden sich auch die Handlungsempfehlungen verdichten und ggfs. ebenso für andere Unternehmen ihre Gültigkeit haben.

5.4.5 Bewertungskriterien

Die Beurteilungskriterien, welche sich aus den Phasen der Auswertung ergaben, sind für dieses Thema geeignet. Sie helfen, Themenbereiche zusammenzufassen, wichtige Information zu selektieren sowie zu komprimieren, um am Ende Kriterien für und gegen das schnelle Anwachsen einer Führungskraft in der ausländischen Organisation zu erhalten. Überdies konnten unter Bezugnahme auf die ursprünglichen Themenbereiche weitere Empfehlungen für zukünftige Expatriates als auch für das Unternehmen sowie die Gruppe der Vorgänger abgeleitet werden.

5.4.6 Generalisierbarkeit der Ergebnisse

Die Ergebnisse beruhen auf der Erfahrungswelt der Interviewten und sind abhängig von demografischen Merkmalen sowie dem individuellen Level an Führungs- sowie Fachkompetenz. Durch die neun (9) Schritte des zirkulären Dekonstruierens werden Interpretationsspielräume weitgehend minimiert. Letztendlich entsteht so ein aussagekräftiges Ergebnis, welches seine Gültigkeit findet. Da es sich teilweise um allgemein gültige Erfolgs- bzw. Misserfolgskriterien handelt, kann die Übertragung der Resultate auf andere Unternehmen in Betracht gezogen werden. Abhängig von der zu besetzenden Position, der jeweiligen Unternehmensgröße, des Persönlichkeitstyps des Vorgängers und der Produktgruppe werden Kriterien mehr oder weniger allgemeine Gültigkeit haben und von Bedeutung sein.

Die Übertragbarkeit der Kriterien auf andere Gegebenheiten und Rahmenbedingungen muss in jedem Fall situativ beurteilt werden. Folglich kann das Auswertungsergebnis nicht uneingeschränkt und ohne weiteres Hinterfragen generalisiert werden.

5.5 Ausblick

Der Erfolg einer Entsendung ist abhängig von der Businesssituation, der persönlichen Situation (Single, Familie), dem Kompetenzlevel (Sprache, Kultur, Produkt), dem Managementlevel etc. Durch eine größere Anzahl von Interviews könnten die Abhängigkeiten auf den

Entsendungserfolg des jeweiligen Kandidatenprofils noch besser erarbeitet werden.

Ergebnisse aus diversen Umfragen zeigen, dass sehr wohl Unterschiede bestehen zwischen Entsendungen, welche von Familienunternehmen gegenüber Aktiengesellschaften initiiert werden. Da der Autor für ein Familienunternehmen arbeitet, bot sich ihm keine Möglichkeit, Interviews mit Kandidaten einer Entsendung einer Aktiengesellschaft durchzuführen.

Das Unternehmen des Autors wird der Kategorie eines mittelständischen Unternehmens zugeordnet und so fehlen dem Autor die Perspektive sowie die Interviewkandidaten, um Entsendungen eines Großunternehmens zu untersuchen. Der Unterschied zwischen Klein- u. Mittleren Unternehmen zu Großunternehmen wäre es wert, weiter erforscht zu werden, da diverse Umfragen zeigen, dass beispielsweise der Zieldefinition, einem erfolgskritischen Faktor einer Entsendung in Großunternehmen, mehr Bedeutung beigemessen wird.

Alle Interviewkandidaten sind in der Branche des Autors tätig und so fehlt es an Quervergleichen zu anderen Branchen, obwohl Erfolgskriterien wie Führungskompetenz, das Beherrschen der Fremdsprache sowie klare Zieldefinition von gleicher Bedeutung sein dürften.

Dem Autor standen lediglich männliche Interviewkandidaten zur Verfügung und so könnten durch Interviews mit weiblichen Kandidaten weitere Sichtweisen in Erfahrung gebracht sowie Handlungsempfehlungen speziell für weibliche Expatriates erarbeitet werden.

Das Thema Familie wurde vom Autor nur am Rande gestreift. Die Komplexität des sozialen Umfeldes eines Expatriates kann zu einem Fallstrick werden und die Entsendung zum Scheitern bringen. Weitere Interviews und das Ableiten von Handlungsempfehlungen speziell für Entsendungen mit Partner, Familie bzw. Kinder werden vom Autor als sinnvoll erachtet.

Es wurden Handlungsempfehlungen zur Integration eines Expatriates im Unternehmen des Gastlandes erarbeitet. Empfehlungen für die Rückkehr des Expatriates in seine Heimatkultur (gegen den Kontra-Kulturschocks) sowie zur Integration im Mutterkonzern wurden aufgrund der beschränkten Seitenanzahl nicht aufgestellt. Auch hat der Autor den Faktor Religion in Bezug auf Handlungsempfehlungen zur Integration im Gastland mangels passender Interviewpartner nicht in diese Arbeit mit einbezogen.

Zuletzt möchte der Autor Befragungen mit den jeweiligen Mitarbeitern der ausländischen Führungskräfte anregen, um ihre Sichtweise eines ausländischen Führungswechsels zu erhalten. Auf diese Facette der Befragungen musste der Autor aus Zeit- und Budget-Gründen verzichten.

Literaturverzeichnis

Becker, H. (2000). *Managementtraining für den Führungsnachwuchs, Die Praxis des Team-Managements*. Renningen-Malmsheim: Expert Verlag.

Charan, R., Drotter, S., & Noel, J. (2001). *The Leadership Pipeline: How to Build the Leadership Powered Company* (2. Ausg.). (J. Bass, Hrsg.) San Francisco.

Daigeler, T., Hölzl, F., & Raslan, N. (2012). *Führungstechniken* (2. Ausg.). Freiburg: Haufe-Lexware Gmbh & Co. KG.

Doppler, K., & Lauterburg, C. (2008). *Change Management. Den Unternehmenswandel gestalten* (12. Ausg.). Frankfurt / New York: Campus Verlag.

Feloresearch.info. (kein Datum). Abgerufen am 27. Oktober 2012 von http://feloresearch.info

Fischer, P. (2002). *Neu auf dem Chefsessel, Erfolgreich durch die ersten 100 Tage* (7. Ausg.). München: Redline Wirtschaft Verlag Moderne Industrie.

Flick, U., Kardorf, E., & Steinke, I. (2010). *Qualitative Forschung, Ein Handbuch* (8 Ausg.). Reinbeck bei Hamburg: Rowohlts Enzyklopädie.

Gabarro, J. J. (1987). *The Dynamics of Taking Charge*. Boston: Harvard Business School Press.

Gates, M. F. (kein Datum). *Youtube.com*. Abgerufen am 24. November 2012 von http://www.youtube.com/watch?v=GIUS6KE67Vs

Gilmore, T. (2003). *Making a Leadership Change: How Organizations and Leaders Can Handle Leadership Transition Successfully*. San Francisco: Lighting Source UK Ltd.

Haberkorn, K. (2002). *Praxis der Mitarbeiterführung, Ein Grundriss mit zahlreichen Checklisten zur Verbesserung des Führungsverhaltens* (10. Ausg.). Renningen-Malmsheim: Expert Verlag.

Harrison, R. (1977). *Rollenverhandeln: Ein "harter" Ansatz zur Teamentwicklung. In: Sievers, B. (Hrsg.): Organisationsentwicklung als Problem.* Stuttgart: Klett-Cotta.

Hofbauer, H., & Kauer, A. (2012). *Einstieg in die Führungsrolle: Praxisbuch für die ersten 100 Tage* (4. Ausg.). München: Carl Hanser Verlag.

Hoffmann, D. (2007). *Integration neuer Mitarbeiter und Mitarbeiterinnen*. Norderstedt: Grin Verlag.

Höfler, M., Bodingbauer, D., Dolleschall, H., & Schwarenthorer, F. (2011). *Abenteuer Change Management, Handfeste Tipps aus der Praxis für alle, die Etwas bewegen wollen* (2. Ausg.). Frankfurt am Main: F.A.Z.-Institut für Management-, Market- und Medieninformation GmbH.

Hofstede, G. (2001). *Culture's Consequences: Comparing Values, Behaviors, Institutions and Organizations Across Nations* (2. Ausg.). Thousand Oaks: Sage Publications, Inc.

Jaeggi, E., Faas, A., & Mruck, K. (1998). *Denkverbote gibt es nicht! Vorschlag zur interpretativen Auswertung kommunikativ gewonnener Daten* (2. Ausg.). Berlin: Abteilung Psychologie am Institut für Sozialwissenschaften der Technischen Universität Berlin, Nr. 98-2.

Kenter, M. E., & Welge, M. K. (1982). *Die Reintegration von Stammhausdelegierten: Ergebnisse einer explorativen empirischen Untersuchung.* Hagen: Fernuniversität Hagen.

Maletzke, G. (1996). *Interkulturelle Kommunikation. Zur Interaktion zwischen Menschen verschiedener Kulturen.* Opladen: VS Verlag für Sozialwissenschaften.

Metz, F., & Rinck, E. (2010). *Transition Coaching, Führungswechsel meistern Risiken erkennen Businesserfolg sichern.* München: Carl Hanser Verlag.

Moosmüller, A. (1996). *Interkulturelle Kompetenz und interkulturelle Kenntnisse. Überlegungen zu Ziel und Inhalt im auslandsvorbereitenden Training.* Münster: Waxmann Verlag GmbH.

Neuberger, O. (1994). *Personalentwicklung* (2. Ausg.). Stuttgart: Ferdinand Enke Verlag.

Niermeyer, R. (2008). *Teams führen* (2. Ausg.). München: Rudolf Haufe Verlag GmbH & Co. KG.

Prozesspsychologen.de. (kein Datum). Abgerufen am 16. Juni 2013 von http://blog.prozesspsychologen.de/?=88

Rosenstiel, L., Regnet, E., & Domsch, M. (2009). *Führung von Mitarbeitern, Handbuch für erfolgreiches Personalmanagement* (6. Ausg.). Stuttgart: Schäffer-Poeschel Verlag.

Rupprecht, H. (2007). *Expatriate Management: Sprachliche und interkulturelle Vorbereitung auf den Auslandseinsatz.* Diplomica Verlag.

Scherm, E. (1999). *Internationales Personalmanagement* (2. Ausg.). Oldenbourg Verlag.

Schreyögg, A. (2010). *Coaching für die neu ernannte Führungskraft, Coaching und Supervision* (2. Ausg.). Wiesbaden: VS Verlag für Sozialwissenschaften.

Seipel, M., & Hemmelskamp, J. (2009). *Führungswechsel erfolgreich gestalten, Ergebnisse einer Befragung.* Bonn: 100 Consulting.

Siedenbiedel, G. (2008). *Internationales Management, Einflussgrößen - Erfolgrkriterien - Konzepte.* Lucius & Lucius.

Sprenger, R. (2002). *Vertrauen führt, Worauf es im Unternehmen wirklich ankommt.* Frankfurt am Main: Compus Verlag GmbH.

Steers, R., Sanches-Runde, c., & Nardon, L. (2010). *Management Across Cultures: Challanges and Strategies.* Cambridge: Cambridge University Press Verlag.

Watkins, M. (2007). *Die entscheidenden 90 Tage. So meistern Sie jede neue Managementaufgabe.* Frankfurt am Main: Campus Verlag GmbH.

Weibler, J. (2012). *Personalführung* (2. Ausg.). Hagen: Vahlen.

Wikipedia.org. (kein Datum). Abgerufen am 27. Oktober 2012 von http://de.wikipedia.org/wiki/Expatriate

Wikipedia.org. (kein Datum). Abgerufen am 28. April 2013 von http://www.pflegewiki.de/wiki/Samplingverfahren_der_qualitativen Forschung

Woesler, M. (2009). *A new model of cross-cultural communication* (2. Ausg.). Berlin: Europäischer Universität Verlag.

Abbildungsverzeichnis

Abbildung 1: FOL Research (nach Frithjof) 13

Abbildung 2: Managementlevel 23

Abbildung 3: Businesssituation 29

Abbildung 4: ST$_A$RS-Model 30

Abbildung 5: Unternehmerische Ausgangslage 31

Abbildung 6: Erwartungsklärung vertikal & horizontal 43

Abbildung 7: Break-Even-Point 45

Abbildung 8: Einflussfaktoren auf die Dauer der Integrationsphase 55

Abbildung 9: Wirksamkeit von Führungswechsler ... 56

Abbildung 10: 365-Grad Check der Erwartungszielgruppen 63

Abbildung 11: Zielformulierung nach SMART-PURE-CLEAR 75

Abbildung 12: Zyklus der Veränderung ... 81

Abbildung 13: Wellen der Veränderung (nach Gabarro) 82

Abbildung 14: Wellen der Veränderung (nach Watkins) 83

Abbildung 15: Arten von Symbolen 86

Abbildung 16: Symbolische Führung....... 87

Abbildung 17: Übersicht Kultur-Modelle .. 91

Abbildung 18: Kulturzwiebel (nach Hofstede)................. 94

Abbildung 19: Phasen des Anpassungsprozesses 95

Abbildung 20: U- vs. W-Anpassung-Kurve (nach Woesler M.) ... 97

Abbildung 21: Kandidatenpotenzial (eigene Darstellung)........... 104

Abbildung 22: Auswertungsphasen 1 & 2 112

Tabellenverzeichnis

Tabelle 1: Zentrale Kategorien (eigene Darstellung)........... 116

Tabelle 2: Synopsis (eigene Darstellung) 119

www.ingramcontent.com/pod-product-compliance
Lightning Source LLC
Chambersburg PA
CBHW052315220526
45472CB00001B/131